와이미 3
Why me?

하나님의 소원을 이루기 위하여

김춘근 지음

베드로서원

하나님의 심장에서 나온 소원의 절규
하나님의 소원을 이루기 위하여

나와 함께 모든 헌신과 희생과
기도를 다하여 수고하는 JAMA의 모든 동역자들께
이 책을 바칩니다.

책머리에

하나님은 우리를 창조하실 때부터 우리를 향한 소원을 가지고 계셨다. 그러나 하나님의 소원의 대상인 우리 인간들은 그분의 소원을 저버리고 말았다. 그로 인해 우리 인간들은 사망의 그늘에서 헤어날 수 없는 낭떠러지로 떨어졌다. 사랑이 많으신 하나님은 우리를 결코 버리지 않으셨다. 인간을 향한 하나님의 소원은 길고 긴 터널을 지나면서 그 소원성취의 절정의 기회를 만드시고야 말았다.

하나님께서 왜 가장 소중하고 가치 있는 아들 예수를 십자가에 죽게 하면서까지 우리를 사랑하시고 우리를 영원한 죽음에서 영원한 생명으로 살리셨을까?

이 인류 최대의 사건을 통하여 우리는 우리의 아버지께로 돌아왔다. 그렇다면 이제 우리들의 차례이다. 이제는 우리가 그분의 소원을 이루어 드릴 때가 된 것이다. 이것이 자녀로서의 의무요 책임이다.

우리는 우리의 소원을 아버지께 알리는 데는 모든 시간과 정성을 바쳤다. 그러나 아버지의 소원을 알고 그것을 이뤄드리고자 하는 일에는 너무나 인색했다. 아니 아버지의 소원을 알고 싶어 하지도 않았다. 하나님의 마음을 얼마나 섭섭하게 하였는지… 이젠 우리가 각성하고 패러다임을 바꿔야 하겠다.

하나님은 세계 역사상 가장 많은 고통과 어려움과 한을 안고 반만년을 지내온 우리 민족을 결코 외면하지 않으셨다. 하나님은 마지막 때 한국과 세계 170여 개 국에 퍼져있는 우리 민족을 향한 그분의 소원을 알게 하시고 보게 하셨다. 하나님은 강권적으로 나의 모든 죄와 고통과 한을 예수 그리스도의 피로 씻어 주셨다. 나의 과거는 죽고 그리스도 안에서 새로 지음 받은 나는 하나님의 비전을 받게 되었고, 이제는 그 비전의 삶 속에서 하나님의 나와 우리 민족을 향한 구체적인 소원을 보게 하셨다. 이 엄청난 하나님의 소원… 이 시대를 향한 하나님의 심장에서 나오는 그 소원의 간절함을 예수 그리스도를 믿는 성도들과 나누고 싶다.

이 하나님의 소원이 책으로 엮어지기까지 헌신하고 수고한 내 사랑하는 아내 김성매 권사, 강운영 목사님과 강재화 사모님, 한순진 목사님, 한영진 사장님, 그리고 나와 함께 이 소원을 이루기 위해 밤낮으로 기도하고 수고하는 나의 모든 동역자들에게 충심으로 감사와 존경을 드린다.

끝으로 이 책에서 나오는 모든 이익금은 우리 젊은 자녀들과 그 후손들의 장래를 위해서 투자하는데 쓰여질 것이다. 이 자금이 우리 자녀들을 통해서 한국과 미국을 부흥시키고 세계를 변화시키는 하나님께서 주신 JAMA 비전이 성취될 때까지 한 알의 작은 밀알이 되기를 간절히 기도한다.

하나님의 소원을 갖기까지

'하나님의 소원!' 내 심장과 영혼 안에 끊임없이 끓어오르는 오직 한 가지 힘의 원천이 있다면 그것은 '하나님의 소원'에 대한 열망이다. 어디를 가든지 무엇을 하든지 나에게는 오직 이 한 가지가 관심이요, 꿈이요, 소원일 뿐이다. 나는 나의 삶의 여정을 통해서, 특별히 하나님과의 관계 속에서 나 개인과 가정과 직장과 내가 사는 나라와 시대를 향한 하나님의 소원에 대해서 말할 수 없는 부담감(heart-felt burden)과 열망을 갖게 되었다.

이 책 '하나님의 소원을 이루기 위하여'를 쓰면서 하나님의 소원을 나의 소원과 사명으로 갖게 하신 하나님께 감사와 찬송과 영광을 드리면서 무엇보다도 먼저 내가 '하나님의 소원을 나의 소원으로 갖기까지'의 여정을 나누고 싶다. 그 여정을 통해서 내가 하나님의 소원을 내 가슴과 심장 안에 구체적으로 담을 수 있었기 때문이다.

하나님께서 왜 나를 한국인으로 태어나게 하셨고, 왜 나를 세계의 중심인 미국으로 보내서 살게 하시는지… 하나님의 때에 내 마음의 눈을 열어서 하나님의 섭리와 계획과 소원을 보게 하셨다.

하나님께서는 나를 '한국인'으로 태어나게 해서 한국의 반만년 고난의 역사와 그 안에서 나를 보게 하셨다.

나는 전라북도에서 태어났다. 그래서 '전라도 출신'이라는 지역

차별과 설움을 몸으로 체험했다. 자라면서는 제2차대전 후 세계의 헤게모니(hegemony)를 잡기 위해 벌였던 미국을 중심으로 한 서방 국가들과 소련과의 냉전 틈바구니에서 우리 민족이 치러야 했던 6·25의 그 처절한 참상과 남북으로 분단된 나라의 한과 아픔을 직접 목격하고 체험했다. 대학교에서 국제정치학을 전공하면서는 근대 역사 속에서의 한국(일본, 중국, 소련의 헤게모니 싸움에서의 조선의 위기, 결국 일본의 속국이 되는 비참한 역사를 가진 한국)을 볼 수 있었다. 그리고 직접 4·19 의거에 가담하고 목격하면서는 우리 국민들이 얼마나 간절히 자유와 민주와 정의를 위한 정치와 정치가와 정부를 소원하는가를 보았다.

나는 1967년 3월 11일 사랑하는 아내를 만나 가정을 이룬 후, 그 해 6월 15일 미국으로 와 지금까지 36년을 살면서 하나님께서는 우리 가정에 하나님의 엄청난 선물인 딸과 아들을 주셨는데, 우리의 가정생활을 통해서, 특별히 자녀들의 성장을 지켜보면서, 하나님이 제정하신 가정과 자자손손 자녀들을 통하여 이루고자 하시는 하나님의 크신 소원을 보게 하셨다.

나는 미국에 유학 와서 미국 정치학을 전공했다. 석·박사 학위를 하는 과정에서 하나님께서는 나로 하여금 세계의 센터인 미국의 역사와 정치, 정책, 그리고 경제와 사회의 흐름을 보게 하셨다.

또 나는 세계적으로 큰 이슈인 에너지 통상과 미국의 에너지 개발 정책, 그리고 그것에 따른 환경 문제를 미국과 세계적인 차원에서 관찰했고, 아울러 미국 정치와 정책을 중심으로 가르치면서 점차 세계 에너지 개발과 무역(trading), 그리고 환경 문제를 연구했다

(나는 미국 에너지 학자 회의를 호놀룰루, 뉴욕, 덴버에서 세 번 주관한 결과 에너지 정책을 중심으로 한 정책 저널을 편집하여 출판하였고, 또 에너지 자원개발 정책에 관한 책을 출판했다).

나는 에너지 커머디티 통상(Energy Commodity Trade)을 미국과 세계 차원에서 연구하고 분석하는 중에 국제무역(International Trade)과 투자(Investment) 분야를 집중적으로 연구하게 되었으며, 그 결과 다국적 기업(Multi-National corporation)들과 그들의 세계 시장 진출 전략까지를 연구 분석하며 가르치게 되었다.

나는 미국 정치, 정책에서부터 시작해서 세 번이나 연구 분야를 넓히면서(retooling) 미국과 세계를 우주적인 차원에서 넓게 높게 깊게, 그리고 길게 볼 수 있는 전문인으로서의 발전(professional development)을 계속해 왔다. 하나님께서는 나를 그런 과정 속에서 지금까지 31년 동안 미국 대학교에서 가르치도록 인도하셨으며 미국과 세계의 흐름을 볼 수 있게 하셨다.

수많은 학회와 상공회의와 국제 통상 무역회의에서의 연구 발표와, 그리고 300회 이상의 미국의 회사 중역들을 위한 세미나를 인도하면서 나는 직접 그들과 만나 대화를 나누면서 국제기업의 흐름을 알 수 있는 기회를 가졌다.

31년 동안 미국 대학교에서 공부하고 연구하고 가르치면서 각 분야의 장래 리더들을 기르는 대학교의 어제와 오늘, 그리고 내일의 흐름을 직접 체험하고, 목격하며, 생각하고, 분석하게 하시면서 그 장래를 보게도 하셨다.

나는 세계 수십 개 국을 주지사와 함께 직접 방문하면서 각 나라의 리더들을 만나는 가운데 그들이 당면하고 있는 이슈들과 해결책을 간구하는 몸부림도 보게 하셨다. 많은 국제회의에 참석하고, 또 국제회의를 직접 준비하고 개최하면서 그 지도자들의 생각과 흐름도 보았다.

나는 1988년부터 주지사와 함께 러시아 여러 지역을 방문하며 북태평양 연안 국가들의 수산협력 관계를 위해서 소련과 협력을 수립하는 과정에서, 그리고 러시아(특히 러시아 극동 지역) 자유 시장경제 개발을 위한 프로젝트 리더로서 러시아 극동 지도급 수천 명을 훈련시키면서 하나님은 나에게 공산주의의 실체를 볼 수 있는 기회도 주셨다.

미국에서 31년 동안 우리 이민교회를 섬기는 동안(처음 5년 동안은 백인 교회에서 섬김) 이민교회의 역사와 문제점, 리더십의 문제, 그리고 현재의 위치와 앞으로의 방향 등을 몸으로 경험하면서 보게 하셨다.

미국의 역사, 특히 미국의 신앙 역사를 배우고 연구하는 과정에서는 오늘날 미국이 처해 있는 신앙적 현주소와 그 문제를 보게 하셨고 내 마음에 말할 수 없는 부담을 주셨다.

하나님께서 지난 17년 동안 수백 개의 대학 집회와 헤아릴 수 없이 많은 젊은이들의 모임을 통해서 똑똑하고 실력 있는 1.5세, 2세 영어권 대학생들과 젊은 전문인들을 나로 하여금 만나게 하면서(요즘은 중·고등학생들까지도) 그들의 아이덴티티(identity)와 당면한 문제와 앞으로의 방향, 그리고 리더십의 이슈에 엄청난 부담을 가지고 보게 하셨다.

그동안 수많은 교회에서 1세 어른들과 젊은이들, 그리고 유학생들을 위해 집회를 인도하면서 코리언 아메리칸 이민교회가 당면한 문제를 보게 하셨다.

간병으로 사형 선고를 받은 나에게 하나님께서 자비와 긍휼을 베푸셔서 강권적으로 회개의 영으로 나를 철저하게 회개시키시고 또 치료해 주시고 나 자신의 영적인 부흥을 체험케 하심으로 하나님의 백성들이 나와 같이 회개하고 주님께 돌아오기를 그렇게도 소원하시는 하나님의 마음을 보게 하셨다.

한 번만 살려주시면 하나님께서 무엇을 원하시든 순종하겠다고 부르짖어 기도했더니 하나님께서 응답하시고 "내가 죽지 않고 살아서 여호와의 행사를 선포하리로다"(시 118:17) 말씀처럼 나에게 하나님의 은혜의 복음을 선포하는 사명을 하나님의 소원으로 보게 하셨다. 방황하는 영혼들이 하나님께로 돌아와 구원받기를 간절히 소원하며 기다리시는 하나님의 마음을 나로 하여금 보게 하셨다. 하나님께서 얼마나 영혼 구원을 소원하시는지 하나님의 그 심장이 내 심장에 와 닿았다.

우리 주 예수 그리스도의 피로 값 주고 사신 이 땅의 교회들이 이제는 교만과 죄에서 회개하고(대하 7:14) 다시 첫사랑을 회복하며 영적 각성과 부흥을 통하여 지역사회와 미국을 부흥시킬 뿐만 아니라 세계를 변화시키기를 원하시는 하나님의 간절한 소원을 보게 하셨다.

나는 지난 17년 동안 전 미국에서 수많은 영어권 목회자들(EM Pastors, College Pastors and Youth Pastors)을 만났다. 그들과의 만남

하나님의 소원을 이루기 위하여

을 통해서 하나님은 그들의 고통과 어려움과 상처와 아픔을 보고 듣게 하셨고 또 그들을 통해서 이루고자 하시는 하나님의 계획을 깨닫게 하셨다(나는 그동안 1세로서 1.5세, 2세 목회자들을 가장 많이 만났고, 그들과 가장 많은 시간들을 보냈다고 믿는다).

하나님은 나에게 수많은 목회자들을 만날 수 있는 기회를 주셨고 또 미국에서 태어난 3대, 4대의 아시안 아메리칸 영적 리더들(Chinese-American Pastors와 Japanese American Pastors 등)과의 만남과 리트릿을 통하여, 그리고 미국 주류 사회의 백인 영적 리더들과 만남과 대화를 통하여 미국을 향한 하나님의 소원을 보게 하셨다.

전 미국을 두 차례 자동차를 운전하고 순회할 때는 미국을 향한 하나님의 엄청난 소원을 보게 하시면서 내 심장 안에 미국의 영적 각성과 부흥을 위한 회개의 견딜 수 없는 부담을 심어주셨다.

하나님께서 나로 하여금 알라스카 주의 정치, 경제, 경영, 교육, 자원 개발, 환경보호, 국제 통상과 무역, 그리고 국제협력 등 총체적인 정책에 12년 동안 직접 관계케 하시면서 한 주의 삶에 직접 영향력을 발휘하는 과정에서 보고 듣고 체험한 것들을 통하여 하나님의 소원을 보게 하셨다.

하나님께서 나로 하여금 세계 각국에 퍼져 사는 우리 교포 크리스천들, 특히 젊은 1.5세, 2세, 3세들과 여러 모임과 집회를 통하여 만남을 주셨고 북미, 남미, 중미, 아시아, 유럽, 러시아와 구소련 위성국가들을 방문케 하시면서 세계 170여 개 국에 살고 있는 600여만 명의 한국인 디아스포라(Korean Diaspora)를 향한 하나님의 엄

하나님의 소원을 이루기 위하여

청난 소원(그리스도의 지상명령 완수)을 보게 하셨다.

  위에 적은 이 모든 체험과 배움과 가르침과 연구와 그리고 지혜를 통해서 하나님께서 나에게 보여주신 가장 중요한 것 중의 하나는 내가 40년 이상 훈련받았던 리더십(leadership)의 중요성을 보게 하신 것이다. 특히 21세기를 위한 토탈 리더십(total leadership)의 중요성을 보게 하시면서 리더들을 훈련시키기 위한 텍스트(text)를 마련해 주셨다. 하나님이 나에게 주신 은혜의 선물이다.

  하나님께서 지금까지의 내 60평생의 삶을 통해서 이 모든 사건들을 직접 체험케 하시고 보게 하시면서 어느 면으로 보나 장애(handicap)가 많고 부족한 나에게 인간적으로는 생각할 수 없고 상상조차 할 수 없는 이 엄청난 하나님의 소원(하나님의 뜻과 계획이라기 보다는 하나님의 소원이라고 말해야 내가 받은 견딜 수 없는 충격과 큰 부담이 좀더 잘 표현되는 것 같다)을 추상적이 아니라 구체적으로 그 흐름과 모양(form)을 계시해서 보게 해주셨고 그것을 목숨보다 더 소중한 내 사명으로 받게 하셨다.

  나에게 보여주신 이 우주적인 하나님의 소원을 그리스도 안에서 사랑하는 형제자매들에게 적나라하게 털어놓고 함께 나누고 싶다. 이 하나님의 소원이 이루어지는 그 날, 우리의 궁극적인 소원, 곧 하나님의 크신 영광을 우리가 함께 보게 될 것이다.

목차

제1부 · 각성 … 17

제2부 · 소원 … 119

제3부 · 성취 … 205

제1부

각성

제1부 각성

코리언 아메리칸을 향한 하나님의 소원

"내 이름으로 일컫는 내 백성이 그 악한 길에서 떠나 스스로 겸비하고 기도하여 내 얼굴을 구하면 내가 하늘에서 듣고 그 죄를 사하고 그 땅을 고칠지라"(대하 7:14)

솔로몬이 여호와의 전과 왕궁 건축을 다 마쳤을 때의 일이다. 모든 계획을 다 형통하게 이루고 7일 동안 낙성식을 행했다. 7일 동안의 절기를 지키고 제 8일에 온 이스라엘의 심히 큰 회중이 모여 성회를 열고 백성을 장막으로 돌려보내므로 백성이 여호와께서 다윗과 솔로몬과 그 백성 이스라엘에게 베푸신 은혜를 인하여 기뻐하며 마음에 즐거워하였더라고 성경에 기록되어 있다(대하 7:8-10).

밤에 하나님께서 솔로몬에게 나타나셨다. "내가 이미 네 기도를 듣고 이곳을 택하여 내게 제사하는 전을 삼았으니 혹 내가 하늘을 닫고 비를 내리지 아니하거나 혹 메뚜기로 토산을 먹게 하거나 혹 염병으로 내 백성 가운데 유행하게 할 때에…"(대하 7:12-13)라고 무서운 경고를 하셨다.

아무리 과학과 문명과 기술이 발전하고 정치력과 군사력과 경제력이 강하다 해도 하나님께서 하늘을 닫고 비를 오랫동안 내리지 않으시면 곡식을 기를 수 없고 물도 마실 수 없어 결국 우리는 다

굶어 죽게 될 것이다. 만약 미국 중서부 지역의 넓은 곡창 지대에 수년 동안 비가 내리지 않는다면 미국은 어떻게 되겠는가? 그리고 그 많은 메뚜기 떼가 모든 농작물을 삼켜버리고 그래서 모든 농토들이 폐허가 된다면 우리는 무엇을 먹고 살 수 있을까? 그런 후에 또 염병을 풀어서 하나님의 백성 가운데 유행하게 한다면 하나님 백성뿐 아니라 하나님을 모르는 모든 민족들도 다 죽는다는 엄청난 경고를 하셨다.

그 때는 솔로몬 왕의 전성시대였다. 백성들은 태평성대를 누리며 평안하게 살고 있었는데 왜 하나님께서 그 때에 솔로몬에게 이 경고를 내리셨을까? 그것은 하나님의 백성인 이스라엘이 악한 죄를 짓고 목이 곧아 교만한 죄를 범하고 있었기 때문이다. 그러나 하나님은 자비와 긍휼과 용서와 사랑의 하나님이시기에 언제나 하나님의 백성들이 살길을 꼭 보여주셨다.

여기에서도 마찬가지다. "…할 때에(13절) 만약에(영어 성경에는 if로 적혀 있다) 내 이름으로 일컫는 내 백성이 그 악한 길에서 떠나 스스로 겸비하고 기도하여 내 얼굴을 구하면…" 하나님께서 이스라엘 백성이 철저한 회개의 기도를 해야 한다고 경고하셨다. 영광으로 빛나는 거룩 거룩하신 하나님 앞에서 모든 죄를 회개하고 예수 그리스도의 피로 깨끗하게 씻음 받으라는 말씀이다(여러 신학자들은 회개의 기도뿐만 아니라 금식기도까지 포함한다고 해석하고 있다).

"내가 하늘에서 듣고 그 죄를 사하고 그 땅을 고칠지라" 우리가 죄를 회개하고 부르짖을 때 하나님께서 반드시 들으시고 그 죄를 사해주실 뿐만 아니라 하나님 백성들의 회개를 통해서 같이 망하고 죽게 될 하나님을 모르는 영혼들도 하나님께서 멸하지 않고 우리가 살고 있는 땅도 고치시겠다(Heal Our Land)고 약속하셨다. 한 마디로 말해서 하나님의 자녀들이 회개하고 기도하면 이 나라가 살고, 그렇게 하지 않는다면 이 나라가 망한다는 무섭고 놀라운 경고이다.

미국의 영적 타락과 위기

미국은 역사상 유일하게 청교도 신앙과 유대 크리스천의 가치관

전국에서 모인 JAMA 리더들 88명이 Cal. State University Monterey Bay에서 미국 각성을 위한 리트릿을 마치고…

(Judeo Christian Values)의 터 위에 세워진 나라이다. 누구도 나눌 수 없는 하나님이 주신 특별한 권리, '생명(Life)'과 '자유(Liberty)', 그리고 '행복의 추구(Pursuit of Happiness)'의 권리를 보장하며 '우리가 믿는 하나님 안에서(In God We trust)'를 선언하고 시작했다. 미국이 신앙적으로, 영적으로 침체되고 타락할 때마다 하나님은 하나님의 사람들을 세우셔서 영적 각성과 부흥운동을 일으키게 하셔서 다시 교회와 사회와 국가를 고치고 회복시키셨다. 지금 미국에 거의 100년 동안 전국적인 회개의 기도와 각성과 부흥의 운동이 일어나지 않고 있으며, 그와 관련해서 미국은 모든 면에서 엄청난 영적 타락과 심각한 신앙 위기에 처하게 되었다.

지금 미국은 이스라엘 역사에 있어서 솔로몬 시대가 그랬듯이 역사상 강한 전성기를 맞고 있다고 볼 수 있다. 그런데 지난 2001년 9월 11일에 미국은 그 역사상 최대의 참상을 당했다. 9·11은 미국의 역사와 삶을 바꾸어 놓은 가장 처참한 사건 중의 하나였다.

일본 전투기가 하와이 진주만을 공격한(1941. 12. 7) 이래로 미국 본토가 직접 공격을 받아 삽시간에 3,000명 이상이 죽고 수많은 사상자(특히 군인이 아닌 민간인들)를 낸 일은 지금까지 없었다.

미국이 세계의 유일한 슈퍼 파워(super power)로서 막강한 군사력을 자랑하고 있는데 군사력의 상징인 국방성이 직접 공격을 받았으며, 미국의 경제력을 상징하는 세계 금융, 재정, 경제의 센터요 뉴욕 맨하탄의 아이콘(Icon)인 월드 트레이드 센터(World Trade Center Twin Tower, 각각 110층)가 순식간에 붕괴되었다. 미국의 경제와 군사와 기술과 과학의 힘이 세계 역사상 가장 강하다고 하지만, 이번 테러단들은 총알 하나 사용하지 않고 박스(box) 자르는 칼만으로 네 대의 국내 상용기를 납치했고, 그 상용기와 266명의 승객을 무기로 해서 미국의 두 심장을 강타했다. 도저히 상상할 수 없는 끔찍한 사건이었다.

월드 트레이드 센터가 붕괴되는 장면

부시 대통령은 미국이 테러를 대항하는 전쟁에 들어갔다(America is at war)고 선언했다. 이 전쟁은 적국과 전선이 분명했던 제 1, 2차세계대전, 한국전쟁, 월남전쟁, 걸프전쟁과는 다른 전쟁이다. 세계 여러 나라에서 훈련받고 있는 테러단들과 그 네트웍을 소탕해야 하고, 또 재정적으로 후원하는 채널들을 없애야 한다. 뿐만 아니라 미국 내 방위(homeland security)까지 감당해야 하기 때문에 그 소요 예산이 어마어마하다.

이번 사건은 미국 역사상 처음으로 본토 심장에서 일어났고(진주만은 해군 기지였고, 그 당시 하와이는 미국의 영토였지 주(州)로 승격되지 않은 상태였다. 1959년에 하와이는 50번째 주로 승격되었다), 짧은 시간에 수많은 사상자를 냈다. 뿐만 아니라 정치적, 사회적, 경제적, 정신적, 그리고 정서적(emotional)으로 받은 타격은 상상을 초월하며, 그 후유증과 국민들의 일상생활에 미치는 영향 또한 엄청나다. 앞으로도 계속 많은 대가를 치르게 될 것이다.

테러단들은 이미 9·11 이전부터 베이루트 공항 사건, Pan Am 추락사건, TWA 추락사건, 사우디아라비아(Saudi Arabia)에 주둔하고 있는 미국군의 건물 폭파 사건, 나이로비와 탄자니아의 미국 대사관 폭파 사건, 뉴욕 세계 무역 센터(World Trade Center) 폭파 사건(1994년), 그리고 2000년 10월 예멘(Yemen)에서의 미 해군 군함(USS Cole) 폭파 사건 등으로 끊임없이 미국을 대항해서 공격해왔다. 그럼에도 불구하고 과거 10여 년 동안 미국은 이런 테러단에 대해서 구체적인 전략과 준비가 너무나 미약했다. 특히 테러 전쟁을 대비하는데 있어서 CIA와 FBI의 코디네이션(coordination)이 거의 없었다는 것이 국회 청문회를 통해 증명되었다. 이로 인해 수천 명의 기라성 같은 실력 있는 젊은이들이 목숨을 잃은 것을 생각하면 생각할수록 슬프고 원통하다.

9·11 이후 곧바로 있었던 탄저균(Anthrax) 사건과 관련해서 앞으로 병균으로 수많은 인명을 죽이는 무기(Weapons of Mass Destruction)가 미국뿐만 아니라 EU나 이스라엘에 대항하여 사용된다면 어떠한 결과를 가져올 것인가를 생각하면 끔찍하고 무섭기가 이를데 없다. 따라서 미사일 방위 시스템(Missile Defense System)으로 미국을 핵무기의 공격으로부터 보호하려는 부시 행정부의 정책이 9·11 사건으로 인하여 핵무기를 사용하지 않고도 국내외 어디서든지 엄청난 피해를 입을 수 있다는 분명한 현실 앞에서 재고되어야 할 입장에 있다.

왜 이런 끔찍한 사건이 일어나야만 했을까? 인간적으로 생각하면 원통하고 가슴이 터질 것 같은 슬픔을 금할 수 없다. "주여, 이 나라의 죄와 우리의 죄를 회개합니다. 용서하시고 이 땅을 고쳐주시옵소서." 나는 지난 10여 년 동안 미국을 내 심장에 안고 하루도 눈물로 기도하지 않은 날이 없다. 특히 2000년 여름부터 말씀을 묵상하는 중에 마가복음 9장 29절 말씀이 말할 수 없는 부담감으로 다가왔다. "기도와 금식 외에 다른 것으로는 이런 유가 나갈 수 없느니라(This kind can come forth by nothing, but by prayer and fasting (KJV)." "이런 류(This kind)"라는 말씀이 나로 하여금 오늘 우리의 현실을 보게 했다.

미국은 지금 '어떤 류(類)'가 되었는가?

청교도의 신앙을 토대로 시작한 미국이 지금 '어떤 류(類)'가 되었는지 살펴보자.

미국은 공립학교에서 하나님을 추방하는 일을 시작했다. 1962~63년부터 공립학교에서 기도하는 것과 성경을 가르치는 것을 금지했다. 얼마 전 통계 자료는 미국은 그 40년 동안 15~19세 청소년 자살율이 450%, 어린이 학대율이 2,300%, 청소년 마약 불법 사용율이 6,000%, 청소년 범죄로 체포된 비율이 350%, 15~19세 청소년 중 결혼하지 않고 아이를 낳은 비율이 500%나 증가되었다고 발표했다.

☆ 참고: 미 연방 대법원에서 1962년에 공립학교에서 Non-Denominational Prayer를 금지시켰다. "Almighty God, We acknowledge our dependence upon Thee, and we beg Thy blessings upon us, our parents, our teachers, and our country(교파를 초월한 기도, '전능하신 하나님, 우리의 삶이 하나님께 달려있음을 인정합니다. 그러므로 우리와 우리 부모님들과 우리 선생님들과 그리고 우리나라에 하나님의 복을 주시기를 간절히 기도합니다')." 1962년 공립학교에서 이 기도를 드리는 것을 중지시켰고, 1963년에는 공립학교에서 성경말씀 가르치는 것을 금지시켰다. 1980년에는 공립학교에 십계명을 붙이지 못하도록 금지시켰다.

미국은 매년 백만 명 이상의 생명을 낙태시켜 합법적으로 죽이고 있다. 9·11 사건 때 월드 트레이드 센터의 트윈 타워(Twin Tower)에서 생명을 잃은 숫자가 2,824명이다. 펜타곤과 펜실베이니아에서 생명을 잃은 숫자까지 포함하면 3,100명이 된다. 우리가 알아야 할 사실은 미국이 미 연방 대법원의 판결로 인하여 매일 평균 9·11에 희생된 숫자보다 많은 3,500명 이상의 태아를 합법적으로 죽이고 있다는 사실이다. 1973년 1월 미 연방 대법원에서 로 웨이드(Roe v. Wade)가 판결을 내린 이후 2003년 1월까지 30년 동안 무려 4천만 명의 태아를 낙태시켰다. 월드 트레이드 센터에서 생명을 잃은 숫자가 매일매일 죽고 있다. 소리 한 번 지르지 못하고 매일매일 3,500명 이상이 합법적으로 죽어 가는데 이 생명들을 위해서는 얼마나 많은 하나님의 자녀들이 회개하며 애통해 하고 있는가?

아버지를 포함한 가족과 친척 중에서 어린 여자아이를 성적으로 겁탈(incest)하는 사건이 매년 100만 건 이상이 보고 되고 있다. 보고 되지 않은 사건까지를 합한다면 그 숫자는 엄청나게 더 많을 것이다. 하루에 어린 여자아이를 겁탈하는 사건이 공식적으로 3,000건이나 되는데 이 일을 위해서 얼마나 많은 크리스천들이 가슴을 치며 회개하고 애통해 하는가?

캘리포니아에서는 동성연애가 하나님이 짝지어주신 남녀부부의 삶과 동등하게 인정되고 있다. 이것은 하나님의 인간 창조의 원리에 정면으로 도전하는 일이 아닐 수 없다. 알코올 중독자나 성병환자가 얼마이며, 헐리우드의 추악하고 폭력적인 영화들과 인터넷의 추악한 섹스 광경은 우리 자녀들을 얼마나 타락시키고 있는가? 이런 문제들 때문에 과연 얼마나 많은 크리스천들이 가슴을 치며 회

하나님의 소원을 이루기 위하여

개하며 애통해 하면서 하나님께 부르짖고 있는가?
'이런 류' 속에서 지금 우리와 우리 자녀들이 살고 있다.

또 '어떤 류(類)'인지 보자. 오늘날 하나님의 자녀인 우리 크리스천들의 삶이 창조주 하나님과 예수 그리스도를 믿지 않는 사람들 가운데서 오히려 하나님의 이름을 욕되게 하고 있다(롬 2:24). 영국의 마틴 로이드 존스 목사님은 이미 50년 전에 "예수 그리스도의 피로 값 주고 사신 교회는 빛을 발하지 못하고 능력이 없고(powerless), 소망이 없고(hopeless), 도움을 주지 못하고(helpless), 그리고 진정한 그리스도의 사랑을 담대하게 실천하지 못하는(loveless) 그런 교회가 되었다."라고 한탄했다. 오늘날 우리 교회의 현실이 이렇지 않다고 누가 담대히 부정할 수 있겠는가?

대형 교회가 이곳저곳에 우뚝우뚝 서 있고, 많은 프로그램을 통하여 성도들을 훈련시키며, 수많은 이벤트로 행사를 치르고 있지만, 과연 교회가 존재함으로 우리가 살고 있는 학교와 가정과 지역사회와 나라에 교회가 어떤 영향력과 변화를 가져오고 있는지 우리 교회 리더들과 성도들은 분명히 보고 각성해야 한다. 몇 천 명, 몇 만 명이 모이는 교회라 할지라도 지역사회와 나라를 변화시키는(transforming) 데 큰 영향력을 발휘하지 못한다면 문제가 아닐 수 없다. '이런 류' 속에서 우리와 우리 자녀들이 살고 있다.

또 '어떤 류'인지 보자. 부시 대통령이 2000년 대통령 후보였을 때 기자가 "당신 일생에 있어서 가장 큰 영향을 준 사람이 누구냐?"

라고 물었다. 그는 "예수 그리스도가 가장 큰 영향을 주신 분이다." 라고 대답했다. 전국의 모든 미디어와 기자들과 그를 반대하는 주민들이 일제히 그를 공격했다. 반면에 조 리버만(Joe Lieberman) 상원의원이 엘 고어(Al Gore) 대통령 후보의 부통령 후보로 뽑혔을 때 자기는 정통(Orthodox) 유대교인으로 토요일에 상원이 열리면 그날은 안식일(Sabbath Day)이기 때문에 상원에 등청하지 않으며 긴급회의(Emergency Session)가 열리는 경우에는 자동차를 타지 않고 걸어간다고 말했을 때는 누구 한 사람 그를 공격하지 않았다. 지금 미국에서 하나님을 믿는다고 하면 공격을 받지 않지만 예수 그리스도를 주(Lord)로, 그리고 구세주(Savior)로 믿는다고 하면 즉시 공격을 받는다. 왜냐하면 모슬렘도, 유태인도, 천주교도, 그리고 심지어는 개신교 크리스천들 중에서도 같은 하나님을 믿는다고 생각하기 때문이다. 믿지 않는 사람들도 절대신(Supreme Being)을 애매하게 인정하기도 한다. 그러나 "주는 그리스도시요 살아 계신 하나님의 아들이시니이다"라고 고백하거나 요한복음 3장 16절을 신앙으로 고백하면 당장 공격을 받는다.

미국 크리스천 리더들 중에서도 지역사회나 국가적인 행사 모임에서 기도할 때 예수 그리스도의 이름으로 기도하면 공격받을 것을 두려워해서 "예수 그리스도의 이름으로 기도합니다, 아멘." 하지 않고 그냥 "아멘." 하고 끝내는 경우가 허다하다. 미국은 지금 적하나님(anti - God)의 나라가 아니고 적그리스도(anti-Christ)의 나라로 타락해 가고 있다.

예수 그리스도가 없는 하나님은 우리의 하나님이 될 수 없고, 성령님이 없는 하나님이 우리가 믿는 하나님이 될 수 없다. 성부, 성자, 성령 삼위일체 하나님을 믿고 인정하지 않는다면 어느 종교도 우리와 같은 하나님을 믿는다고 할 수 없다. 모슬렘이 믿는 '알라'가 예수님과 성령님이 없는 하나님이라면 우리 하나님과 같을 수 없고, 유태인이 전통적인 유대이즘(Judaism)을 토대로 믿는 하나님이 예수님과 성령님이 없는 하나님이라면 우리가 믿는 하나님과 같을 수 없다. 오늘날 미국이 성자 예수 하나님, 성령 하나님을 인정하지 않고 막연히 하나님의 이름으로 모든 종교를 같이 관용(tolerance)해 나가는 것은 참으로 살아 계신 하나님과 우리의 구주시요 왕이신 예수님, 그리고 우리 안에서 역사하시는 성령님을 부인하는 일이요 모독하는 일이며, 청교도의 신앙에 대한 전적 도전이다. 우리가 그 죄를 회개하고 각성해야 한다. '이런 류' 속에서 우리와 우리 자녀가 살고 있다.

또 대학교는 '어떤 류' 인지 보자.

미국에서 대학이 시작될 때 하버드대학을 비롯한 많은 명문 대학이 기독교 대학으로 시작되었다. 하버드대학은 처음 100년 동안에는 목사 안수를 받은 학자만을 교수로 임명했다. 브라운대학은 침례교에서 인디언 선교를 위해서 시작했다. 예일(Yale)대학도 청교도 신앙으로 세워졌다. 특히 예일대학은 미국 역사상 가장 위대한 사상가요, 신앙인이요, 신학자요, 선교사(원주민 선교사)요, 학자요, 철학자요, 과학자 중 한 사람인 조나단 에드워드(Jonathan Edwards) 목사님을 배출해냈다. (그는 후일 프린스턴대학 총장을 하기도 했다.) 남북 전쟁 직후에는 약 4만 명이 대학을 졸업했는데, 그 중 1만여 명이 복음 사역에 헌신했다고 한다. 얼마나 많은 젊은 대학생들이 예수님께 헌신해서 세계 선교사로 파송되었는가!

오늘날 미국의 대학은 인본주의(Humanism)와 뉴 에이지 운동(New Age Movement)과 성 개방 운동(특히 동성연애), 다문화주의(Multi - Culturalism), 그리고 다원화주의(Pluralism) 등이 대학교육의 중심 사상이다. 그들이 전략적으로 연합 전선을 펴면서 장래 모든 분야의 리더가 될 젊은 대학생들을 완전히 혼탁하게 만들고 있다. 최근 들어서는 마약뿐만이 아니라 주말이 되면 알코올 파티가 성행해서 좋은 대학교일수록 대학생들이 엄청나게 타락하고 있는 실정이다.

이 모든 주의는 그리스도와는 전연 관계가 없는 것들이다. 그것들은 그리스도 중심의 삶(Christ - centered Life)에 대한 직접적인 도전이며 공격인 것을 크리스천들은 분명히 알고 각성해야 한다. 얼마나 많은 'Ism(주의)'이 우리 크리스천들을 혼탁하게 만들고 이용해 왔는지 모른다. 예를 들면 독재주의(Depotism), 족벌주의(Nepotism), 자본주의(Capitalism), 공산주의(Communism), 사회주의(Socialism), 인본주의(Humanism), 합리주의(Rationalism), 개인주의(Individualism), 다문화주의(Multi - Culturalism), 다원주의(Pluralism), 물질주의(Materialism), 유대주의(Judaism), 불교(Buddhism), 유교(Confucianism), 현대주의(Contemporism), 후근대주의(Post-Modernism) 등 수많은 '주의(Ism)' 속에서 우리는 혼탁해져서 방향 없이 살았고, 지금도 그렇게 살고 있다. 현대 기독교가 이 수많은 사상들과 함께 혼탁하게 물들고 있다.

특히 17세기 프랑스의 르네 데카르트(Rene Decartes) 사상은 서구문화에 엄청난 영향을 주었으며 기독교 문화를 병들게 한 큰 원인이 되었다. 우리 크리스천들은 서구문화와 기독교문화를 분명히 구별할 줄 알아야겠다. 심지어는 많은 학자들도 서구문화와 기독교문화를 동일시하는 경향이 있다. 나는 여기에서 철학과 문화를 논하자는 것은 아니지만 데카르트의 영향을 받은 서구문화가 크리스천문화를 혼돈하게 만들고 파괴해왔다는 사실을 지적하고 싶다.

"나는 생각한다. 그러므로 나는 존재한다." 데카르트의 이성주의(Rationalism)는 모든 인간 문제의 해결은 인간의 이성과 인간의 논리에서 비롯해야 한다고 주장한다. 이것은 하나님이 말씀하시는 '나는 스스로 존재한다(God spoke, "Therefore I AM")'는 사상에 정식으로 도전하는 것이다. 절대적인 하나님의 말씀 곧 진리에서 그 계시를 찾아 인간의 존재와 문제를 해결해야 함에도 불구하고 인간의 마음이나 이성에 따라 문제를 해결하자는 이 사상이 크리스천문화를 크게 병들게 했다.

개인주의(Individualism)가 기독교문화를 병들게 했다. 기독교는 결단코 개인주의가 아니다. 기독교는 공동체(Community)문화이다. 기독교는 성도들이 같이 모일 때 기독교이다. 공동체로 모이는 교회가 기독교이다. Community는 'Come Unity'가 되어야 한다. 그리스도의 이름으로 모인 크리스천들의 공동체이기 때문이다. 인간은 Come Unity를 위해서 창조되었다. 이 기독교문화를 서구 개인주의가 병들게 했다.

이원론(Dualism)이 기독교문화를 병들게 했다. 마음은 선하고 육신은 악하다는 이 이원론이 기독교문화를 크게 병들게 했다. 서구 사람들은 이 영향을 받아 마음만을 중시하고 육체를 소홀히 여겨 거부함으로서 다른 사람들의 육신의 질고(疾苦)도 동정하지 않을 뿐 아니라 자신의 몸을 타락시키는 문화를 만들었다. 하나님께서 우리의 육신과 영혼을 같이 창조하셨다. 예수 그리스도도 육신(body)과 영혼(spirit)이 같이 부활하셨다. 우리도 장차 온전한 육체와 영혼을 가지고 부활할 것이다.

현대주의(Presentism 또는 Contemporism)가 또한 기독교를 병들게 했다. 그들은 지금 것이 아니면 믿지 말라고 주장한다. 많은 사람들이 지금 것을 좋아하고 추종한다. 교회도 얼마나 많은 '지금 것'을 분별없이 좇아가고 있는지…. 그러는 중에 예수님의 진정한 컬러(color)가 크게 변색되어 가고 있다. 2000년 전에 역사하셨던 성령님이 2000년 후 오늘도 역사하시는 것을 명심하자. 500년 전에 역사하셨던 성령님이 오늘도 역사하시는 것을 분명하게 확신하자.

이 네 가지 '주의(Ism)'가 크리스천문화를 크게 병들게 했으며, 이것들에 의해서 오늘날 크리스천들의 삶이 크게 지배되고 있다. 교수들이 장차 리더가 될 대학의 젊은이들을 이 모든 주의를 중심으로 교육하고 있다는 사실을 우리 크리스천들은 알고 각성해야 한다. 또한 이것들이 인본주의, 다원주의, 다문화주의 등과 연합하여 정면으로 우리 크리스천의 삶을 맹공격하고 있는 현실을 똑똑히 알아야한다. 우리는 본질적인 기독교문화와 대학에서 가르치는 서양문화를 혼동해서는 안 된다. 우리 기독교인들은 기독교문화를 바르게 형성하면서 공동체(Come Unity = Community)를 이루고 살아야 한다.

나는 미국에서 30년 이상 대학 교수를 하는 동안 대학 내에서 움직이는 이 무서운 사상과 정신의 흐름을 똑똑히 목격해 왔다. 하나님께서는 나에게 이것들을 향한 엄청난 부담을 주셨다. 나는 이런 현상을 더 이상 가만히 보고만 있을 수 없어서 오늘날까지 17년 동안 몸부림치며 하나님께 부르짖으면서 한 사람이라도 주님께 회개하고 돌아오도록 미친 사람처럼 전국을 다니며 외치고 있다. 특히 수많은 우리 대학생 자녀들이 자기도 모르는 사이에 이 혼탁한 흐름에 빠져들고 있기 때문에 나는 생명을 내놓고 그들이 회개하고 하나님께 돌아오도록 그리스도의 심장으로 매일 하나님께 부르짖으며 행동으로 실천하고 있다. 그리고 같이 모여 그리스도의 공동체를 이루자고 외치고 있다. 수많은 젊은이들이 나와의 만남을 통해서 각성하며 하나님께 돌아오는 것을 보면서 그저 감사할 뿐이다.

오늘날 대학에서는 인간이 우주의 센터며 하나님 없이 어떠한 일도 할 수 있다는 인본주의적 전제 하에서 대학의 행정 담당 리더들과 대부분의 교수들이 학생들을 가르치고 지도하고 있다. 뿐만 아니라 모든 문화는 다 평등하며 그 문화의 가치를 똑같이 인정해야 한다는 다문화주의가 팽배해 있다. 그들은 어떠한 단체라 할지라도 그 단체를 다 인정해야 하며 권리(rights)와 권한(power)을 똑같이 나누어야 한다는 다원주의와 전략적인 동맹을 맺고서 결국 누가 미국의 정책을 지배하느냐 하는 헤게모니 투쟁을 위해 연합 전선을 펴고 있다.

미국 사회는 많은 인종 그룹(Ethnic Groups)이 다양한 문화 속에서 사는 다문화사회(Multi-Cultural society)인 것은 사실이다. 캘리포니아 주만 해도 2000년부터는 전 주의 노동인구(workforce)의 50% 이상이 유색인(non-White)으로 보고 되었다. 물론 한 국가와 사회를 이루는 많은 인종들의 독특한 문화와 그 가치관을 인정하는 것은 대단히 중요한 국가 정책이다. 또 그렇게 되어야 한다고 믿는다. 미국은 이민국가이기 때문에 더욱 그렇다. 그러나 다문화주의를 주장하는 리더들의 속셈은 동성연애의 문화도, 낙태 수술하는 문화도, 성 개방 문화도, 마약이나 알코올 문화도, 어느 종교나 어떠한 이단(cult)의 문화도, 청교도 정신을 바탕으로 세워진 미국의 크리스천문화와 동등하다는 것이며, 결국 크리스천문화를 타도해서 이 땅에서 크리스천문화를 몰아내려는 의도인 것이다. 그래서 그들은 어느 단체든 다같이 힘(power)을 분담(sharing)해야 한다고 주장한다.

미국의 크리스천문화가 청교도 정신을 바탕으로 오랜 역사 속에서 지속되어 왔고 아직도 모든 분야에서 강한 영향을 주고 있기 때문에 그들은 비기독교적 문화의 모든 요소들을 총동원해서 크리스천문화에 대항하는 전면적인 투쟁을 시작한 것이다. 따라서 미국의 대학 캠퍼스에서 특히 명문대학일수록 이러한 사상으로 무장된 유능한 교수들이 최선을 다해 미국과 세계의 장래(현재 세계 200여

개 국에서 온 80여 만 명의 젊은 엘리트들이 미국 대학에서 공부, 연구하고 있으며, 그 중 교환 교수만 해도 7만 명이 넘는다) 지도자들을 세뇌하고 훈련시켜 내보내고 있으니 30년, 50년 후 미국과 세계는 어떻게 될 것인지 어렵지 않게 상상할 수 있을 것이다. 교계 리더들과 크리스천들은 이러한 전략과 의도를 파악하고 각성해야 한다.

최근에는 미국 공립학교에서 수백만 명의 어린이들이 매일 아침 성조기를 보며 한 목소리로 암송하는 '국기에 대한 맹세'가 헌법에 위배된다는 샌프란시스코 연방 고등법원의 판결이 나와 전 미국에 큰 충격을 준 사건이 있다. 제9지역 연방 순회항소법원(서부 9개 주를 관할하는 the 9th Circuit Court)은 2002년 6월 26일에 "'국기에 대한 맹세' 중에 '하나님 아래(Under God)'라는 표현은 한 종교만을 공식 인정하는 것으로 종교에 대한 자유를 침해하고 있으며 종교와 정치의 분리를 명시한 연방 헌법에 저촉된다."고 판결했다.

'하나님 아래 한 국가(One nation under God)'라는 구절은 1954년에 아이젠하워 대통령이 국회에서 제정한 법안에 서명함으로 '국기에 대한 맹세'에 추가되었다. 이 연방 고등법원의 판결에 대응해서 연방 상원의원 100명 중 99명이 서명하여 연방 고등법원의 판결을 인정하지 않는다는 결의안을 통과시켰고, 또 많은 하원의원들이 2002년 6월 27일 국회 의사당 입구 계단에 모여 국기에 대한 맹세를 암송하면서 이 판결에 항의했다. 또 연방 대법원에 항소가 되더라도 제9지역 연방 순회항소법원의 판결이 기각될 것이 거의 확실시되고 있다. 기독교계도 이 판결에 반대하는 서명 운동을 벌였고, 상고심 준비를 착수했다.

이번 사건만 보아도 그동안 미국의 많은 판사들이 유일신 하나님을 부인하는 죄를 범하고 있다는 사실을 볼 수 있다. 이제 크리스천 문화를 타도하는 세력들은 계속해서 힘을 모아 도전해 오고 있다. 우리 크리스천들이여 우리는 무엇을 할 것인가? '이런 류' 속에서 우리와 우리 자녀들이 공부하며 살고 있다.

또 화이트 컬러(white color) 범죄는 '어떤 류' 인지 보자.

최근 미국 경제를 크게 흔들었던 앤론사(ENRON Corp.)와 아더 앤더슨(Arther Anderson) 회사 중역들의 횡령과 부정 부패는 결국 파산으로 끝났다. 월드콤(Worldcom) 등 미국 대회사들의 부정과 속임은 수많은 투자자들과 회사 직원들에게 말할 수 없는 손해와 타격을 주었으며 앞으로도 티코(Tyco Co.)를 비롯한 대회사들의 부정이 계속 드러날 것으로 보인다.

그리스도가 중심이 아닌 삶은 결국 인격(Character)과 진실성(Integrity), 그리고 기업윤리와 책임(Accountability)이 없는 삶으로 끌고 가기 때문에 자유시장 경제는 회복할 수 없는 파탄으로 갈 것이다. 얼마 전 보고에 의하면 워싱턴 D.C.에 있는 정부기관들 중 특히 국회가 화이트 컬러 범죄를 가장 많이 범하고 있다고 했다. 돈과 성공이면 최고라는 '이런 류' 의 사회 속에서 우리와 우리 자녀들이 깊이 물들어 가고 있다.

지금까지 언급한 여러 가지 '류(類)'들은 모두가 다 예수님께서 말씀하셨던 '이런 류'에 속하는 것들이다. '이런 류'는 우리의 힘으로는 이길 수 없는 그런 '류'들이다. '이런 류(this kind)'는 기도와 금식이 아니고는 이길 수 없다는 주님의 탄식의 말씀이 너무나 절실하게 공감이 된다. 이 말씀에 우리는 각성해야 한다.

지난 9·11 사건은 다름 아닌 전능하신 하나님의 힘(the power of Almighty God)을 믿고 의존하는 대신 군사, 경제, 과학, 기술의 힘을 숭상하는 엄청나게 교만한 미국, 하나님을 대적하며 무섭게 타락해 가는 미국을 향한 '하나님의 경고(wake-up call)'라고 나는 믿는다(롬 13:11). 이라크 문제도, 북한의 핵문제도, 세계 최고의 과학과 기술을 자랑하는 컬럼비아(Columbia)의 공중 파괴도, 그리고 미국의 경제 문제도 다 하나님의 계속적인 경고인 것을 우리 크리스천들은 절실히 각성하고 깨달아야 한다.

아무리 말씀과 여러 가지 사건들을 징조로 보게 하고 경고해도 깨닫지 못하는 우리 크리스천들에게 직접 눈으로 보고 손으로 만져서 깨닫게 하시는 하나님의 아픈 사랑의 경고라고 나는 믿는다. 하나님 말씀을 듣고 배워도 회개하지 않고, 이스라엘 백성들이 그랬듯이 목이 곧고 교만하며, 하나님 중심보다는 악한 세대와 타협하며 마음대로 살아가는 이 시대 우리 크리스천들을 향한 하나님의 무서운 경고라고 나는 믿는다.

'이런 류'를 어떻게 할 것인가?

9·11 사건이 진정 하나님의 경고라면 이제 우리 크리스천들은 어찌해야 하겠는가? 그리고 그 많은 '이런 류'에는 어떻게 대응(response)해야 하는가? 이 무서운 영적 전쟁을 앞에 두고 어느 때까지 안일한 삶만을 위해서 몸부림칠 것인가?

우리는 니느웨의 사건을 교훈으로 삼아야 한다. 그리고 미스바의 각성이 새롭게 지금 시작되어야 한다. 이제야말로 우리는 온 크리스천들의 죄와 나라의 죄악을 가슴을 찢으며 회개해야 한다. 재를 무릅쓰고 금식하면서 기도하고 회개하자는 것이다. 결코 다른 사람들의 책임이 아니다. 빛과 맛과 삶의 생명력을 잃고 패잔병 같이 사는 '하나님 자녀' 라고 칭하는 우리 크리스천들의 책임이다.

중생한 크리스천들이여, 그리고 교회들이여. "이런 류는 기도와 금식이 아니면 이길 수 없느니라(나갈 수 없느니라)" 하셨는데 이제 그만 교만과 악을 버리고 겸손히 거룩 거룩하신 하나님께로 돌아가자! 더 이상 감추고 속이지 말자! 다 내놓고 목놓아 울면서 회개하자! 그리하면 역대하 7장 14절에 말씀하신 그 신실한 약속대로 우리가 사는 이 땅에 부흥이 오고 치유함이 주어질 것이다. 그 날에 주님의 영광이 충만해질 것이다. 그리하면 우리는 신실하신 하나님의 은혜를 힘입어 오늘 이 땅의 최악의 상황을 최선의 상황으로 바꿀 수 있을 것이다.

왜 하나님께서 나에게 미국을 다시 깨우고 치유하고 영적 부흥을 일으키시고자 하시는 하나님의 그 소원과 뜻을 먼저 보게 하시고 깨닫게 하셨으며 감당할 수 없는 부담을 주셨는지 나는 이해할 수 없다. 또 왜 이런 똑같은 심정을 나의 많은 동역자들에게 보여주셨는지 하나님의 뜻을 다 헤아릴 수가 없다.

'이런 류'는 거의 모두 백인의 문제요 다른 인종들의 문제이기에 먼저 온 그들이 회개하고 각성해서 해결할 일이지 왜 군이 우리 코리언 아메리칸 크리스천들이 먼저 미국의 죄와 우리의 죄를 회개해야 할 필요가 있겠는가 하고 의문을 제기할 수도 있을 것이다. 그러나 하나님께서 우리를 향한 하나님의 특별한 소원이 먼저 우리가 이 일을 시작해서 하나님의 크신 뜻을 이루는 것임을 분명히 나에게 보여주셨고, 함께 동역하는 많은 동지들에게 보여주셨다.

하나님께서 우리에게 출애굽기 32-33장의 모세의 심정을 주시며 미국의 영적 각성과 부흥의 소원을 갖게 하셨다. 미국에 살고 있는 우리 코리언 아메리칸들의 정치, 경제, 경영, 문화, 종교, 사회, 법률, 금융, 교육, 과학, 기술, 학문, 통신, 예술 등 모든 면에서의 영향력은 아직은 극히 미약하다. 2백만 명도 되지 않는(2000년 센서스에 의하면 미국에 살고 있는 한인들의 숫자는 110만 명이 조금 넘는다) 한인 교포가 없다고 해서 현재 미국의 정치가 흔들리지 않는다. 또 우리 한인 교포가 없다고 해서 미국의 경제나 경영이 큰 피해를 입지도 않으며, 문화나 사회나 학문이나 매스컴이 타격을 받지 않고, 과학과 기술과 교육 분야도 별 어려움을 당하지 않는다. 아직은 우리가 미국 주류 속에서 그런 영향력을 발휘하지는 못하고 있다. 그러나 앞으로 30년 후에는 우리 1.5세, 2세, 3세들이 장성해서 모든 분야의 주류에서 대단한 영향력을 발휘할 것이다. 나는 그것을 분명히 확신한다.

그런데 지금 미국이 우리 코리언 아메리칸 크리스천 없이는 할 수 없는 단 한 가지 가장 중요한 것이 있다. 미국의 청교도 신앙을 회복하고 영적 대부흥을 일으키는 일이다. 청교도의 신앙은 이 나라의 기초인데(America was founded upon Puritan faith and Judeo Christian values) 지금 이 나라는 그 기초(foundation)가 흔들리며 무너지고 있다. 신앙적으로 엄청나게 타락하고 있다. 이것을 회복하는 영적 대각성과 부흥이 무엇보다도 절실하다. 이것을 이루는 것이 코리언 아메리칸 크리스천을 향한 하나님의 소원이다.

"여호와께로 다시 나아가 여짜오되 슬프도소이다 이 백성이 자기들을 위하여 금신을 만들었사오니 큰 죄를 범하였나이다 그러나 합의하시면 이제 그들의 죄를 사하시옵소서 그렇지 않사오면 원컨대 주의 기록하신 책에서 내 이름을 지워 버려주옵소서"(출 32:31-32) 모세와 같은 심정으로 우리가 회개하고 금식하며 미국을 위해 중보기도를 한다면 부흥사이신 하나님께서 이 땅에 초자연적인 대부흥을 내려주실 것을 나는 확신한다.

그렇게 되면 우리의 성령 충만하고 실력 있는 자녀들이 하나님의 소원을 사명으로 받아 최선을 다해 이룬 우리 부모 때문에 미국 모든 분야의 주류에서 인정을 받으면서 엄청난 영향력을 발휘할 것이다. 뿐만 아니라 그들을 통하여 미국의 주류 속에 살고 있는 모든 인종의 크리스천 리더들과 손을 잡고 미국의 그 인력과 자원을 총동원하여 전 세계로 나가 우리 주 예수 그리스도께서 땅 끝까지 복음을 전하라고 하신 지상명령을 완수할 수 있을 것이다.

이것이 우리를 향한 하나님의 소원이다. 이것이 바로 하나님께서 우리 코리안 크리스천들을 미국 땅에 보내신 섭리이며 뜻이다. 이 땅과 우리 자녀들의 장래를 위해서 우리 1세 크리스천들이 먼저 회개하고 금식하며 중보기도를 해야 하지 않겠는가?

우리 한민족에게는 심장마다 상처도 많고 한도 많고 쓴 뿌리도 많다. 세계 어느 민족보다 더 큰 상처들이 우리 심장에 쌓여있다. 우리의 상처와 쓴 뿌리의 심장을 들어내고 그리스도의 심장으로 이식시키면 미국과 세계를 품을 수 있는 넓고 깊은 심장들이 될 것이다. 이 심장을 성령으로 충만하게 채워 미국을 품고 세계를 품자. 우리가 먼저 회개하고 미국의 모든 인종을 사랑과 희생으로 가슴에 품자. 우리가 회개함으로 치유를 받으면 미국이 치유되고 이 땅에 영적 대부흥이 올 것이다.

모든 교회가 영적으로 각성함으로 부흥의 불길이 전 미국을 산불처럼 활활 태우는 그때가 되면 우리는 주님의 영광을 보며 우리를 사용하신 하나님께 감사하며 영광을 돌릴 것이다. 이 소원을 우리에게 보여주시고 그것을 우리의 소원으로 받게 하신 것은 절대적으로 하나님의 은혜이다. 생각만 해도 내 심장이 뛰고 감격이 넘친다.

우리가 하나님의 소원을 위해서 이 사명을 감당하지 못하여 우리 자녀들이 망하고, 미국이 망하고, 세계가 망한다면 하나님 앞에 설 때 무어라고 변명할 수 있겠는가? 하나님께서 우리에게 세계의 센터인 미국을 부흥시키라는 이 엄청난 기회를 주셨는데 우리가 만약

이 기회를 놓친다면 우리는 영원히 영원히 그 기회를 놓칠 수도 있다는 것을 명심하자. 이제는 예수 그리스도로 깨어서 일어나 우리에게 주신 사명을 이루어 나가자. 우리가 이루는 것이 아니다. 주님의 뜻을 이루고자 하는 간절한 소원을 품고, 우리 자신들을 정결하게 주님께 드리면서, 중보자로서 겸허히 금식하고 회개하며 주님의 얼굴을 구하면, 주님께서 초자연적인 방법으로 이 일을 이루시리라 확신한다.

하나님께서는 출애굽기 32-33장을 통해서 모세를 통한 이스라엘 백성의 죄의 회개와 중보기도의 사명을 깨닫게 하셨고, 열왕기상·하와 역대상·하, 특히 역대하 7장 11-14절을 통해서 우리 역사의 심각성을 깨닫게 하시며 오늘 우리가 감당해야 할 사명을 보여주셨다.

열왕기서와 역대서를 보면 하나님께서 솔로몬 왕에게 여러 차례나 경고하시면서 이스라엘이 살길을 보여주셨으나 솔로몬은 하나님의 그 소원을 사명으로 받지 않고 계속해서 죄의 길을 가다가 결국은 나라가 하나님의 징계를 받아 아들 르호보암 대에 이르러 기어이 북이스라엘과 남유다로 나뉘게 된다. 이스라엘은 불행스럽게도 그 민족에게 주신 하나님의 큰 사명을 힘있게 이루어갈 기회를 놓치고 말았다. 우리는 이 역사가 주는 교훈을 깊이 깨달아야 한다. 기회는 항상 주어지는 것이 아니다. 하나님께서 나에게 이 역사적 의미들을 깨닫게 하시면서 다음과 같은 회개와 금식과 중보기도의 계획을 사명으로 보여주셨다.

제1단계는, 기드온의 300명 같은 중보기도 용사들을 뽑아서 매달 하루씩 정한 날에 금식하며 기도하는 일을 시작하라는 명령을 받았다. 300여 명이 매일 10명씩 나누어 금식하며 중보기도하면 1개월을 다 채울 수 있다. 각자가 매달 하루씩 1년에 12회를 감당하면 365일 동안 매일 10명씩이 금식하며 기도하게 된다. 같은 날짜에 기도하는 10명 가운데서 한 사람이 헌신해서 코디네이팅(coordinating)을 하면 이 기도 운동은 계속될 수 있다. 모세와 같이 생명을 내놓고 기도하는 300명의 중보기도자들이 성령님의 역사 속에서 네트워킹을 만들고 강력한 중보기도의 불을 지피면 다음 단계로 들어갈 것이다.

제2단계는, 300명의 중보기도자가 각각 10명의 새로운 중보기도자들을 초청하여 함께 금식하며 기도한다. 그러면 3,000명의 중보기도자가 매일 100명씩 금식하며 중보기도를 하게 된다.

제3단계는, 3,000명의 중보기도자가 또 다시 각각 10명씩을 초청한다. 그러면 3만 명의 중보기도자가 하나님께 금식하며 기도하게 되며, 매일 천 명이 365일 동안 계속해서 금식하며 중보기도를 하게 된다. 제3단계부터는 우리만이 아니라 백인과 다른 유색인종의 크리스천들도 초청할 수 있을 것이다.

이렇게 해서 4단계, 5단계에 이르면 3백만 명의 중보기도자가 만들어지며 매일 10만 명씩이 1년 365일간 하루도 빠짐없이 계속해서

하나님의 소원을 이루기 위하여

전국 중보기도 사역자 여름 수련회(2002년 6월)

금식하며 중보기도를 하게 된다.

하나님께서 나에게 이렇게 제5단계까지의 비전을 보여주셨다. 5단계까지가 실천되면 미국뿐만 아니라 세계가 반드시 변하게 될 것이다.

중보기도자로 뽑힌 용사들은 먼저는 자신들의 죄를 철저하게 회개해야 한다. 자신의 죄를 회개하고 그리스도의 피로 깨끗하게 씻음 받지 못한 그리스도인이 어떻게 자녀와 가정과 교회와 사회와 나라의 영적 부흥을 위해서 금식하며 중보기도 할 수 있겠는가? 기도하는 사람은 많으나 회개의 영으로 기도하지 못하기 때문에 하나님의 응답을 받지 못하는 것이다. 중보기도자는 개인적인 철저한 회개뿐 아니라 이 땅의 죄를 그리스도의 심장으로 아파하고 애통하며 회개해야 한다. 이 마음이 없으면 나라를 위해, 시대를 위해 진정으로 중보기도를 할 수 없으리라. 중보기도자들의 회개를 통하여 하나님의 초자연적인 대부흥이 이 땅과 세계에 오게 하자. 모세가 그랬듯이 우리에게도 이 마음이 필요하다. 주여, 이 마음을 우리에게 주옵소서….

매달마다 기도의 제목(예를 들면, 나라의 지도자를 위해, 특정한 사건을 위해서, 지역사회를 위해서, 학교를 위해, 자녀들을 위해서, 교회의 영적 부흥을 위해서, 목회자를 위해서, 선교지역과 선교사를 위해서, 기도 팀원들을 위해서 등)을 자기 팀에게 전해주고 이 영적인 네트워크를 통하여 팀 멤버들이 서로 깊은 관계를 갖게 하기 위해서는 각 팀의 코디네이터들의 역할이 대단히 중요하다.

나는 기도에 대하여 말하자는 것이 아니다. 직접 금식하며 기도하자는 것이다. 행동으로 옮기자는 것이다. 기도는 행동이다. 현재 300여 명이 이미 선정되어 금식하며 기도하고 있다. 시작은 미약하지만 결국 이 기도 운동을 통하여 '이런 류'를 다 몰아내고 승리할 것을 나는 분명히 확신한다. 모세와 같이 생명을 내놓고 기도하는 300명의 중보기도자라면 어떤 류의 악한 세력이라 할지라도 능히 쫓아내고 역전승을 할 수 있을 것이다.

우리가 금식하면서 회개하고 기도하면 하나님께서 친히 이 영적 전쟁을 우리의 승리로 만드실 것이다. 영적 전쟁에 있어서 우리가 갖는 단 한 가지 무기는 회개와 금식과 중보기도이다. '이런 류'의 영적 전쟁은 우리의 전쟁이 아니고 하나님께 속한 전쟁이기 때문이다.

이미 우리는 샌디에고 갈보리교회(한기홍 목사님)와 뉴저지 베다니교회(장동찬 목사님)와 공동으로 미전국 중보기도사역자수련회를 세 차례 가졌다. 전국 각 교회에서 중보기도를 하는 사역자들과 목사님들이 모여서 훈련을 받았고, 참석했던 그들이 각 교회에 돌아가 나라와 지역사회와 가정을 위해서, 그리고 교회의 부흥과 목회자를 위해서 집중적으로 기도하고 있다.

샌디에고 갈보리장로교회는 일천 번째 철야 중보기도를 마쳤다. 뉴저지 베다니교회는 260여 명의 교인이 매일 1시간씩 번갈아 팀으로 교회에 와서 기도하고 있다. 오하이오 주 에쉬타블라 한인교회(강득영 목사님)는 전 성도들이 40일간 금식기도를 했다. 자신들을 위해서가 아니라 나라를 위해서, 시대적 부흥을 위해서이다. 아름답고 귀한 일이 아닐 수 없다.

다음 중보기도자 전국수련회는 필라델피아 안디옥교회(호성기 목사님)에서 열린다. 그리고 한기홍 목사님, 장동찬 목사님, 호성기 목사님, 강순영 목사님이 중심이 되어서 전국 각 지역의 교회들과 협력하면서 회개와 부흥을 위한 기도 운동을 계획해서 이미 시작했다.

하나님께서는 이와 같은 회개와 금식과 중보기도 운동이 세계 각 곳에서 한인 교포교회를 중심으로 불붙기를 소원하고 계신다. 한국이 2002년 월드컵 경기에서 스페인을 이기고 4강에 진출할 때 무려 5백만 명이 거리에 나와 축제를 벌이는 광경을 뉴스로 보았다. 완전히 붉은 바다를 연상케 하는 장면이었다. '한국의 1,200만 명의 크리스천 중 수백만 명이 거리로 나와 우리의 영원한 왕이시요 구주이신 예수 그리스도를 찬양하며 자신들의 죄와 나라의 죄를 회개하고 영적 부흥을 외치는 대행진을 한다면 얼마나 좋을까!' 그런 날이 오기를 바라는 간절한 소원이 마음을 스치고 지나갔다. 우리가 그리스도의 심장으로 진정으로 회개하고 금식하며 중보기도하면 하나님께서 우리 기도를 하늘에서 들으시고 우리 교포 크리스천들이 살고 있는 각 나라들을 치료하고 부흥시키실 것을 나는 확신한다.

하나님께서 나에게 이러한 소원을 보게 하셨다. 그리고 그 소원을 이루기 위한 구체적인 기도의 비전까지를 주셨다. 우리 다같이 동참하자. "이러한 소원과 비전을 주시고 그 일을 행하게 하시는 하나님께 감사와 찬송과 영광을 세세무궁토록 돌리나이다. 아멘."

우리 가정과 자녀들을 향한 하나님의 소원

미국의 청교도 신앙 회복과 교회의 영적 각성과 부흥을 위해서는 무엇보다도 먼저 우리 가정이 각성해서 변화(transforming)되고 부흥되는 것이 하나님의 소원인 것을 보여주셨다.

'가정'에 대해서 말할 때 나는 "가정이야말로 하나님의 우주적인 계획과 뜻을 완수하기 위한 토대"라는 것을 강조하고 싶다. 나의 동

하나님의 소원을 이루기 위하여

역자인 강순영 목사님은 그의 가정사역 강의 중에서 "가정은 하나님께서 최초로 만드신 제도로서 가장 중요한 교회요 가장 중요한 학교"라고 말한다. 에디스 쉐퍼(Edith Schaeffer)는 "가정은 천국의 작은 모형, 폭풍우 속의 피난처, 인간관계를 형성하는 중심지, 창조력이 움트는 곳, 추억의 박물관, 교육의 조절 기관"이라고도 말했다. 가정에 대한 여러 사람들의 주장을 빌리지 않더라도 우리가 하나님의 뜻을 이루어 가는데 있어서 가정이 무엇보다 중요하다는 사실을 우리는 모두 수긍한다. 역사를 통해 보더라도 하나님은 경건한 가정을 통하여 경건한 종족을 보전해 오셨다. 셋의 후손들이 그렇고, 아브라함의 후손들이 그렇다. 한나를 통한 사무엘, 요게벳을 통한 모세, 수산나를 통한 요한 웨슬레, 모니카를 통한 어거스틴 등 수많은 경건한 믿음의 사람들이 경건한 가정이라는 환경을 통해서 길러졌다. 그런데 오늘날 가정의 상황은 어떠한가?

부모들의 패러다임 전환이 시급하다

성경은 부부 사이의 관계를 놀랍게도 신비롭게 표현하고 있다.
"아내들이여 자기 남편에게 복종하기를 주께 하듯 하라 이는 남편이 아내의 머리됨이 그리스도께서 교회의 머리됨과 같음이니 그가 친히 몸의 구주시니라 그러나 교회가 그리스도에게 하듯 아내들도 범사에 그 남편에게 복종할지니라 남편들아 아내 사랑하기를 그리스도께서 교회를 사랑하시고 위하여 자신을 주심 같이 하라 이는 곧 물로 씻어 말씀으로 깨끗하게 하사 거룩하게 하시고 자기 앞에

하나님의 소원을 이루기 위하여

영광스러운 교회로 세우사 티나 주름잡힌 것이나 이런 것들이 없이 거룩하고 흠이 없게 하려 하심이니라 이와 같이 남편들도 자기 아내 사랑하기를 제 몸같이 할지니 자기 아내를 사랑하는 자는 자기를 사랑하는 것이라"(엡 5:22-28)

　나는 이 말씀을 묵상하면 할수록 신비롭고 충격적인 감동과 도전을 받는다. 한 남자와 한 여자가 연합하여 남편과 아내가 된 것을 예수 그리스도와 교회의 신비로운 연합으로 표현하고 있다. 오늘날 우리 남편들과 아내들의 삶을 볼 때 이 말씀이야말로 강한 펀치로 녹아웃(knock out) 시키는 도전이다.

　이 말씀은 남편과 아내가 죽기까지 서로 사랑하라는 하나님의 명령이요, 희생적 사랑의 요구이며, 그리스도의 주권(Lordship) 하에 서로의 성화를 통해 거룩함에 이르도록 하신 하나님의 부르심이다. 뿐만 아니라 자기 아내를 사랑하는 것이 곧 자기를 사랑하는 것이라는 말씀은 한 몸을 이룬 부부가 깊은 영혼의 교제를 통하여 육체적으로, 정적으로, 사회적으로 서로가 하나로 연합되었기 때문이라고 켄 휴그즈(Ken Hughes)는 말하고 있다. 따라서 부부 사이의 희생적 사랑(sacrificial love), 성화의 사랑(sanctifying love), 자신의 사랑(self-love), 서로를 향한 헌신(commitment), 부부 사이의 신실함(fidelity/faithfulness), 교제(communication), 세워줌(elevation), 서로에 대한 경의(deference), 같이 시간을 보내며 로맨스를 갖는 것(time & romance) 등이 하나님께서 우리 가정을 향해 가지시는 소원이다.

　또한 하나님께서 기업으로 주신 자녀들을 노엽게 하지 말고 오직

주의 교양과 훈계로 양육하라고 우리 부모들에게 소원하고 계신다 (엡 6:4). 하나님의 마음에 합당한 좋은 자녀는 하나님과 부모의 공동작품이다. 나는 사랑이 있는 가정에서(요 13:34-35, 요일 3:23), 훈계가 있는 가정에서(잠 13:24, 23:13-14, 29:15), 부모가 모범을 보이는 가정에서(신 5:29, 딤전 3:4-5), 그리고 항상 일관성이 있는 가정에서, 인테그리티(Integrity)를 갖는 가정에서, 자녀들이 부모를 존경하는 것을 체험하고 보아왔다. 자녀를 가정생활에 적극적으로 참여시켜 책임을 함께 나눌 때 부모와 자녀 사이에 효과적인 대화가 이루어지는 것을 직접 체험했다. (Why Me? p. 122~128 참고)

이러한 성경말씀을 토대로 가정을 세우는 것이 하나님의 우리를 향한 소원인데 실제로 우리 대부분의 부모들과 자녀들이 무엇을 위해서 어떻게 살아왔는지 몇 가지만이라도 함께 나누고 싶다.

얼마 전에 발표 된 미국 통계에 1,900만 명의 청소년 범죄자 중에서 1,700만 명이 깨어진 가정에서 자랐고, 크리스천 가정의 이혼율이 믿지 않는 가정보다 더 높다는 기사를 읽고 놀라지 않을 수 없었다. 1,700만 명의 청소년 범죄자들 중 절반 이상은 크리스천 가정에서 나왔다는 이야기이다.

몇 년 전 LA 지역에서 교포 자녀들 중 1.5세 이혼율이 49%라는 심각한 발표를 들은 일이 있다. 재미 교포의 교회 출석률이 70% 정도 된다고 하는데 LA 지역 교인 자녀들 중에서 더 많은 이혼이 이루어졌다는 의미이다. 앞에서도 언급했지만 최근 UCLA에서 열린 회의에서 발표된 자료에 의하면 교포 크리스천 가정의 자녀들이 고등학교를 졸업하고 부모님과 같이 다니던 교회를 떠나 타지역에 있는 대학교에 진학하게 되면 90%가 교회를 떠난다고 보고했다.

또 얼마 전 하버드대학교에서 많은 인종 그룹(ethnic group) 학생들을 대상으로 한 설문조사에서 "당신 부모를 바꿀 수 있는 기회가 주어진다면 바꾸겠느냐?"는 항목에 백인 학생들은 4%, 우리 교포 자녀들은 19%가 기회가 주어지면 그렇게 하겠다고 응답했다고 한다. 한인 교포 자녀들이 부모를 바꿀 기회가 주어진다면 바꾸겠다는 율이 백인 학생들의 거의 5배가 된다. 어떻게 그럴 수 있을까 놀라지 않을 수 없다. 백인 자녀들 대부분은 부모들이 이혼한 관계로 한 주말은 아버지와 다른 주말은 어머니와 보내기도 하고 심지어는 홀부모(single parent) 밑에서 자랐을 것이다. 그런데 그들 중 4%만이 부모를 바꾸고 싶다고 응답한 반면에, 우리는 대부분 자녀들을 위해 미국에 이민 와서 온갖 고생과 희생을 다 감수하며 자식들을 가르쳤고, 자녀교육을 위해서라면 목숨도 아끼지 아니하며 최고의 것으로 최선을 다하여 그들을 뒷바라지를 했는데…, 자식이 하버드대학교에까지 다닐 수 있도록 그 수고를 다했는데 19%가 부모를 바꾸고 싶다고 하다니… 우리 한인 교포 가정이 무엇인가 잘못되었음이 틀림없지 않은가!

작년 christiannews.com 발표를 보고 나는 또 한 번 놀라지 않을 수 없었다. UNICEF(유엔 산하 국제아동교육자금기구)가 아시아 17

개 국 9~17세까지의 청소년을 대상으로 한 조사에서 17개 국 전체의 '부모를 존경하는 비율'이 74%였는데 한국은 14%로 가장 낮았다. 나는 내 눈을 의심했다. 심지어는 한국인들이 무시하는 나라들, 방글라데시나, 파푸아뉴기니, 베트남, 캄보디아 등의 국가들도 부모 존경률이 70%가 넘는데 한국은 겨우 14%밖에 안되었다. 두 번째인 홍콩도 33%로 14%인 한국보다는 월등히 높았다.

'가르치는 선생님을 롤 모델(role model)로 생각하는가' 라는 질문에는 0%, '정치인이나 리더들을 존중하는가'에는 그 비율이 2%로 발표되었다.

통계로 발표된 숫자를 가지고 잘잘못을 판단하고 싶은 마음은 추호도 없다. 그러나 세계 어느 나라 부모들보다 자식을 사랑하고 자식을 위해서라면 어떠한 희생이라도 기꺼이 감수하는 사람들이 우리 한국 부모들인데 100명의 자녀 중 14명만이 부모를 존경한다는 조사 결과나, 선생님들이 학생에게 미치는 영향력이 얼마나 큰데 선생님 중에서 학생들의 존경을 받을만한 롤 모델이 한 사람도 없다는 조사 결과는 가볍게 넘길 수 없는 심각한 문제라고 지적하지 않을 수 없다.

결국 한국에서나 미국에서나 우리 부모들이 자녀들의 지적인 성취감이나 장래 안정이 보장된 직업을 얻는 그 목표를 달성하는 데에는 도움을 주었을지 몰라도 그들로 하나님의 마음에 합당한 인격을 갖게 하고 사명에 대한 확실한 비전을 갖게 해서 한 생애를 영향력 있는 그리스도의 사람으로 살도록 기르는 데에는 별로 투자하지 못한 결과라고 볼 수밖에 없다.

우리 자녀들에게 자신의 인생 전체를 다 바치고도 후회가 없는 하나님의 소원, 즉 분명한 비전과 사명이 결핍되어 있고, 아이덴티티(identity)가 분명치 않으며, 자기가 살고 있는 나라에 대한 주인의식이 없다. 그러기에 실력 있고, 좋은 학교에 다니고, 좋은 직업을 가지고 있을지라도, 무엇을 위해서, 어떻게 살아야 할 지 방향이 없고, 그저 세상의 흐름을 따라서 되는 대로 살아갈 뿐이다. 그것이 우리 자녀들의 현실이다. 이것은 먼저 그들을 양육하는 우리 크리스천 부모들과 교회가 철저히 회개하고 변화해야(transforming) 할 과제이고 도전이다.

이제는 우리 부모들과 교회가 하나님의 소원을 바로 보고, 바로 알며, 패러다임(paradigm)을 전환해야 할 때이다. 우리는 가정에서, 그리고 교회에서 얼마나 많이 이것저것 좋다는 방법들을 사용해 왔는가? 그 결과가 무엇인가? 구체적인 삶의 변화(transformation)를 가져오지 못했다. 우리 부모가 먼저 회개하고 패러다임을 전환해야 한다. 하나님의 자녀들은 하나님께서 약속하신 대로 다 책임져 주신다. 그들의 삶은 이미 보장되어 있다. 우리가 여기까지 온 것은 하나님의 전적인 은혜이다. 우리가 잘 해서 오늘이 있는 것이 결코 아니다. 하나님의 절대적이고 강권적인 은혜 없이 우리가 무엇을 할 수 있다는 말인가?

우리 부모들이 자신들의 욕심과 한풀이를 버리고 하나님 편에서 하나님께서 우리 각 자녀들에게 소원하시는 것이 무엇인지 함께 고민하고, 그들이 이루어 나가야 할 구체적인 사명이 무엇인지를 찾도록 가르치고 기도해야 한다.

하나님의 소원이 곧 비전이다. 비전은 어느 누구도 만들 수 있는 것이 아니며 또 줄 수 있는 것도 아니다. 인간이 만들어 주는 것은 모두 다 개인의 야망일 뿐이다. 비전은 하나님만이 그 자녀들에게 주시는 것이다. 부모들과 교회는 우리 자녀들이 하나님의 그들을 향한 소원 곧 비전을 받을 수 있도록 최선을 다해서 도와주어야 한다.

이 비전이 우리 자녀들의 심장 안에서 피 끓는 사명으로 받아질 때 세상이 주는 섹스, 마약, 알코올, 교만, 열등의식, 미움, 걱정, 근심… 이 모든 것들이 그들에게 문제가 되지도 않을 것이며, 마침내 우리 자녀들은 성령님의 능력에 힘입어서 세상이 감당할 수 없는

전국에서 JAMA-GLF에 참석한 가정을 위한 사역자들

실력자가 되어 자신들의 분야에서 뿐 아니라 그들이 가는 곳마다에서 생명력 있는 영향력을 발휘하는 그리스도의 변화의 사신 (transforming ambassadors)들이 될 것이다.

부모들이나 교회가 자녀들이 하나님으로부터 비전을 받도록 훈련하지 않는다면 하나님의 자녀로서 하나님과의 바른 관계를 끊게 하는 결과를 가져오게 될 것이다. 자녀들이 하나님으로부터 하나님의 비전을 직접 받도록 가정에서 교회에서 바르게 훈련해야 하며, 자녀들이 그 받은 비전을 부모님과 교역자나 선생님과 서로 쉐어링 (sharing)하면서 그것이 바른 비전인지 확인하고 헌신시켜 그 비전이 발전해 가도록 계속해서 말씀과 인격으로 양육해야 할 것이다.

지난 36년 동안 내가 미국에서 살면서, 이곳에서 태어나고 자라서 이제는 어른이 된 우리 자녀들을 보면서, 주위의 미국 친구 가정들과 교인들의 가정을 보면서, 그리고 17년 동안 수많은 젊은이들과 시간을 보내면서 너무나 절실하게 느끼는 것은 바로 자녀들이 하나님의 소원인 비전을 받는 것이다. 비전이 하나님의 자녀에게 하나님의 뜻과 계획을 계시해 주는 것일진대 우리 자녀들이 누구를 통하여 비전을 받아야 하겠는가?

이제는 마음을 정해야 할 때가 왔다. 우리의 자녀들이 하나님께로부터 분명한 비전을 받을 수 있도록 우리가 훈련하고 실천해야 할 때가 왔다. 이 기회를 놓치지 말고 행동으로 옮기자.

하나님께서 나를 회개시키고 변화시킨 후 분명한 하나님의 소원을 보게 하시고, 받게 하시고, 그 소원을 내 삶의 사명으로 내 심장에 심으셨다. 그 후 나는 그 비전 때문에 전에는 상상조차도 할 수 없었던 삶을 살게 하시는 하나님을 매일매일 체험하고 있다. 하나님께서 나로 하여금 하나님의 이 비밀을 많은 젊은이들과 나누기를 그렇게도 소원하시기에 나는 우리 젊은 자녀들을 위해서 미친 사람 같이 밤낮으로 계속 뛰어 다니고 있다.

나는 주위 사람들로부터 자주 질문을 받는다. "김 장로님(또는 김 교수님), 그 오랜 세월 동안 어떻게 그렇게 엄청난 열정의 심장(passionate heart)을 가지고 지침 없이 계속 뛰시는지 그 비결이 무엇입니까?" 나는 서슴지 않고 대답한다. "하나님께서 나에게 주신 비전 때문이지요." 왜냐하면 이 비전에 오너쉽(ownership)을 갖게 되면 인생 전체를 다 바치는 진정한 헌신을 하게 되기 때문이다.

하나님의 자녀들이면서도 비전을 받지 못하고 방황하며 살아가는 우리 자녀들의 몸부림치는 절규를 부모님들과 교회들이 듣고 각성해야 한다. 내가 이렇게 말할 수 있는 것은 나도 그 과정을 거치며 많은 대가를 치렀기 때문이고, 하나님께서 나를 변화시켜 결국 하나님께서 소원하시는 가정을 세우고 자녀들을 양육할 수 있었기 때문이다.

나는 1.5세 · 2세들인 초 · 중 · 고 · 대학생들과 젊은 청년들을 보면 내 자식 같이 큰 부담을 갖는다. 나는 그들을 내 심장에 끌어안고 한 사람이라도 더 하나님으로부터 비전을 받도록 훈련하려고 몸부림치며 눈물로 기도하고 있다. 비전 없는 나라와 그 민족은 망한다고 했는데 장래를 이끌어 갈 우리 자녀들이 비전이 없다면 그 나라와 사회, 교회와 가정은 어떻게 되겠는가?

하나님께서는 우리 부부를 이런 관계로 맺어주셨다

아내는 나에게 있어서 어떤 응석이라도 너그럽게 받아 주는 누나와 같은 존재로, 그리고 나는 아내에게 있어서 모든 것을 잘 보살펴 주는 오빠 같은 존재로 맺어 주셨다. 아내는 나에게 있어서 나는 아내에게 있어서 가장 가까운 친구 중의 친구가 되게 하셨다. 나에게 있어서 아내는 포근하게 쉴 수 있는 어머님 품 같은 존재이며, 나는 아내에게 넓은 가슴을 가진 너그럽고 자상한 아버지 같은 존재이다. 아내는 나에게 있어서 나는 아내에게 있어서 영원히 사모하며 사는 다정한 연인이 되게 하셨다. 모든 일에 있어서 나와 아내는 그리스도 안에서 든든한 동역자로 세워주셨다. 그리고 우리는 서로에게 가장 소중하고 귀중한 반려자(companion)이며, 응원단장(cheerleader)이다. 이런 관계 속에서 날이 가고 달이 가고 해가 갈수록 하나님의 우리 부부를 향한 소원이 점점 성취되는 것을 체험하면서 날마다 이 크신 하나님의 은혜를 감사 감격하며 살고 있다. (why me? p. 96~110 참조)

부모들이 자녀들의 롤 모델(role model)이 되라

우리 부부를 변화시키신 하나님께서는 우리로 하여금 자녀들을 향한 하나님의 소원을 깨닫게 하시고 그들을 양육하는 비결을 말씀을 통하여 보여주시고 또 지혜를 주셔서 실천하게 하셨다.

우리는 자녀를 기도로 길렀다. 한 번도 딸과 아들이 어느 특정한 대학교에 들어가게 해달라고 기도한 일이 없다. 우리의 기도는 자녀들이 하나님의 소원을 그들의 사명으로 받아 최선을 다하여 살기를 원하는 것이었다. 자녀들의 공부와 직장과 삶에 필요한 모든 것은 하나님이 꼭 책임져 주신다는 것을 믿었기 때문에 항상 우리 자녀를 향한 하나님의 소원에 포커스(focus)를 두었다. 지금도 그렇다. 우리 손자 손녀를 위한 기도도 마찬가지이다. 다만 그리스도의 심장으로 그들에게 사랑을 퍼부어 주는 것이다.

우리 부부는 자녀를 우리의 제자가 아니고 그리스도의 제자로 기르려고 노력했다. 따라서 우리는 가정예배에서 어떤 형식에 매이지 않고 우리 자녀들에게 필요하고 그들이 관심을 갖는 이슈나 토픽을 중심으로 함께 성경말씀을 공부하고 나누면서(sharing) 서로 적용하는 훈련을 했다.

우리는 부모로서 자녀의 롤 모델(role model)이 되려고 애써왔다. 1999년 2월에 텍사스대학교 우리 2세 영어권 학생들을 위해서 그곳 오스틴 침례교회에서 집회를 가졌을 때 나는 아들 폴(Paul)을 초청해서 내가 메시지를 하기 전에 잠깐 간증을 하도록 부탁했다. 그때 아들의 간증을 들으면서 그가 얼마나 하나님과 깊은 관계를 갖고 있으며, 그가 주님께로부터 받은 비전이 어떻게 그 안에서 하나님의 전적인 은혜 가운데 장성해가고 있는지를 보면서 나는 큰 감동 속에 하나님께 감사와 찬송을 드린 적이 있다. 아들이 간증을 마치고 강단에서 내려오기 전에 나를 소개했었다. "여러분, 다음 키노트(keynote) 스피커를 소개하겠습니다. 그는 하나님의 사람(man of God)이며, 인테그리티를 가진 사람(man of Integrity)입니다. 그는 나의 멘토(mentor)이고 롤 모델(role model)일 뿐 아니라 나의 가장 친한 친구요(my best pal) 나의 아빠(my Dad)입니다. 여러분께 Dr. John Kim을 소개합니다." 그의 소개를 들을 때 나는 눈물이 핑 돌았다.

옆에서 늘 보면서 같이 살아 온 아들이 이 아버지를 그렇게까지 인정해 준다면 내가 무엇을 더 바라겠는가? 더욱 겸손히 그렇게 살도록 최선을 다하리라! 나는 감격하며 그 날 밤 메시지를 더욱 힘차게 전할 수 있었다. 폴은 나에게 카드를 보내거나 e-mail을 보낼 때마다 "나는 나의 롤 모델과 멘토를 다른 사람들 중에서 찾을 필요 없이 내 아버지가 바로 나의 롤 모델이요 멘토인 것을 정말 하나님께 감사한다."라고 쓰곤 한다. 그런 글을 받을 때마다 나는 눈시울을 적시며 오직 이 일을 이루는 분은 하나님이신 것을 알고 그 하나님의 크신 은혜에 감사드릴 뿐이다.

딸 샤론(Sharon)도 엄마를 자신의 롤 모델과 멘토로 삼고 살아간다. 지금은 결혼을 해서 멀리 동부(코네티컷 주)에 살고 있지만 거의 하루도 거르지 않고 전화하면서 친구처럼 모든 일을 상의한다.

우리는 자녀들이 어렸을 때부터 모든 것을 대화하면서 우리 가정에 대한 비전과 각자의 비전을 서로 나누었다. 딸과 아들의 비전을 들으면서 그것이 하나님께로부터 받은 것인지를 확인했고, 그들이 받은 비전을 이룰 수 있도록 환경을 조성해주면서 최선을 다해 도왔다. 지금도 그들을 만나볼 때마다 이 비전들이 점점 크게 이루어지는 것을 목격한다. 이것은 전적으로 하나님의 은혜다. 우리 가족은 하나님의 소원을 이루어 가는데 있어서 다 나의 진정한 동역자들이다. 정말 각자의 형편과 달란트에 따라서 멋있게 합력(co-laboring)하고 있다.

우리 부부는 큰 일이든 작은 일이든 무엇인가를 결정해야 할 때에는 언제나 딸과 아들의 인격을 존중해서 그들을 그 결정에 꼭 참여시켰다. 우리는 그들이 어렸을 때부터 그들의 의견과 그 의견에 대한 이유를 듣고 서로를 존중하며 같이 결정했다. 항상 그 결정이 우리 가정과 각자가 받은 비전을 성취하는데 도움이 되는지 여부를 결정의 중요한 기준으로 삼았다.

우리는 자녀들과의 효과적인 커뮤니케이션(effective communication)을 위해 노력했다. 효과적인 커뮤니케이션은 관계를 맺는데 있어서 아주 중요하다. 또한 서로 신뢰를 쌓는 데에도 아주 중요한 매개체가 된다. 언어 문제가 큰 장벽이요 세대와 문화 차이가 커뮤니케이션의 장애물로 지적되고 있으나 사실은 그렇지 않다. 효과적인 커뮤니케이션에 있어서 말의 내용이 차지하는 비율은 다만 10%일 뿐이다. 커뮤니케이션의 46%는 말의 톤(tone)에 있고 나머지 44%는 표현(expression)과 제스처(gesture)에 있다고 한다. 자녀들에게 늘 사랑한다고 말하면서 껴안아줄 뿐만 아니라 그리스도의 심장으로 진정 사랑하는 것을 말이 아니라 행동으로 보여주면 자녀들은 그런 행동을 보고 부모가 얼마나 자기를 사랑하는지 체험할 것이다.

나는 집회에 가면 젊은이들을 수없이 껴안아준다. 이제는 나의 껴안는 행동이 전국적으로 전염병처럼 퍼져서 많은 사람들에게 영향을 주고 있음을 감사한다. 나의 동역자들도 어디를 가든지 만나는 사람들을 그리스도의 심장으로 껴안으며 사랑을 표현한다.

나는 아침에 일어나면 사랑하는 아내를 꼭 껴안고 키스하면서 "사랑한다(I love you)."고 고백한다. 내 아들을 만날 때는 먼저 하이파이브(high five)로 손뼉을 마주치고 가슴이 으스러지도록 서로 껴안고 얼굴을 비비면서 "사랑한다(I love you)."고 말한다. 딸과 사위를 만날 때도 마찬가지다. 손자와 손녀는 더 꼭 껴안아준다. 내가 죽음의 병에서 고통스럽게 신음하며 한 번만 살려달라고 하나님께 기도할 때 나를 꼭 껴안고 내 등을 두드리며 용서한다고 말씀하셨던 하나님의 그 약속의 환상을 받은 이후(하나님께서 나에게 다시 한 번 생명을 주셨다) 지금까지 나는 계속해서 만나는 사람들을 껴안아준다. 내가 그때 체험했던 그 하나님의 크신 사랑과 은혜와, 그리고 내 심장에서 역사하시는 그리스도의 사랑을 그들에게 전해주고 싶어서이다.

우리 부모들이 자녀에게 줄 수 있는 가장 소중한 선물이 있다면 그것은 자녀들에게 그리스도의 심장으로 조건 없는 사랑을 매일 퍼부어 주는 것이다. 부모들이 아무리 아침에 바빠도, 아무리 저녁에 피곤해도, 상황이나 환경에 관계없이 이 사랑을 자녀들에게 부어 주어야 한다. 부모가 자식들에게 아무리 좋은 음식, 비싼 옷, 좋은 선물, 그리고 많은 돈을 준다 해도 그것들이 부모의 사랑을 대신할 수는 없다. 우리 자녀들이 정말 원하는 것은 부모님들의 진정한 사랑이다. 매일매일 생활 속에서 우리 아들딸들이 하나님의 사랑받은 자들로 어느 무엇보다 누구보다 더 소중하고 귀하다는 것을 껴안으며 보여주기만 하면 우리 자녀들의 자아상이 크게 향상될 뿐만 아니라 세상에서 실족하지도 않을 것이다.

  우리는 자녀들과 자주 여행을 했다. 자녀들의 장래를 위한 가장 좋은 투자는 매년 온 가족이 함께 여행하는 것이라고 생각한다. 아내와 나는 매년 봄 방학과 가을 방학이면 1주일씩 틈을 내서 아내는 딸과 같이, 나는 아들과 같이 여행했으며 여름 방학 때는 온 가족이 같이 여행을 했다. 이제 결혼한 딸과 사위에게 하나님께서 귀한 손자 마크(Mark)와 손녀 그래이시 케이트(Gracie Cate)를 선물로 주셨는데 그들도 아이들이 어느 정도 자라면 우리가 했던 그 전통을 이을 것이고 아들도 장차 결혼하여 가정을 이루면 그렇게 하리라고 믿는다. 그들이 우리와 함께 여행을 하면서 받은 영향이 너무나도 크다는 것을 잘 알고 있기 때문이다.

  부모와 자녀들이 함께 여행을 할 때면 우리 부모들은 어느 지역에 도착하든지 꼭 아는 사람을 만나서 그들과 같이 식사도 하고 시간을 보내려는 경향이 있는데 그것은 절대로 삼가야 한다. 가족끼리 재미있게 보낼 것을 잔뜩 기대했던 자녀들이 그런 일로 인해서 마음에 상처를 받는다. 여행 목적이 상실되지 않도록 전적인 관심과 배려(undivided attention)를 해주어야 한다.

  최소한 1년에 한 번쯤은 엄마는 딸과 같이, 아빠는 아들과 같이 특정 지역(경치가 좋은 곳이라든가 역사적으로 중요한 가치가 있는 지역, 또는 특별한 이벤트가 열리는 곳 등)을 여행하는 것이 좋다. 가족이 함께 여행한다는 그 자체가 목적지를 정하는 것부터 시작해서 모든 것을 같이 의논해서 결정하고 서로를 도우면서 즐거운 시

우리가족 사진. 오른쪽부터 손자 Mark, 사위 Edward, 손녀 Grace,
딸 Sharon, 아들 Paul, 아내와 나

간을 갖자는 것이므로 모든 것을 함께 상의하고 결정해야 한다. 여행하는 동안 모든 시간이 아들에게는 아빠의 사랑과 관심을 독차지할 수 있는 기회이며 딸에게는 엄마의 사랑과 관심을 독차지할 수 있는 기회이다. 이것은 자녀들에게 상상할 수 없는 기쁨과 안정, 평안과 감격, 그리고 잊을 수 없는 추억을 가져다준다. 또 여행 과정에서 자녀들이 가지고 있는 생각들과 문제들, 말하지 못하고 마음에 숨기고 있는 문제들까지도 다 내놓고 상의할 수 있는 좋은 기회가 된다. 물론 여행을 하면 시간과 비용이 든다. 그러나 나중에 돌아올 엄청난 결과(열매)에 비교한다면 이것은 자녀를 위한 투자 가운데 가장 값진 투자일 것이다. 이것은 이론이 아니다. 이것은 이미 수없이 증명되었고 또 우리 가정이 체험을 통해 직접 얻은 것이다.

자녀들로 하나님의 비전을 받게 하라

우리 자녀들이 자기 인생 전체를 바치고도 후회 없는 인생의 최고 가치의 비전을 하나님께로부터 받았다면 그 비전을 이루기 위해서 자신들의 마음과 뜻과 정성과 인격과 모든 재질과 능력과 지식과 시간과 노력을 최선을 다해서 바칠 것이다. 여기에다 우리 자녀들이 하나님의 전폭적인 은혜를 힘입어야 그들이 받은 비전 곧 하나님의 소원을 이룰 수 있다. 우리 자녀들이 이 엄청난 비전을 받으면 왜 세상에서 주는 가치 없고 중요하지 않은 시시콜콜한 일에 마음을 빼앗기고 시간을 낭비하며 비생산적인 삶을 살겠는가?

우리 부모가 해야 할 일은 자녀들이 하나님께로부터 비전을 받고 최선을 다해 그 비전을 이루어 나갈 수 있도록 하나님이 소원하시는 가정, 하나님이 소원하시는 부모가 되는 것이다. 우리 부모들과 교회가 자녀들을 이렇게 키운다면 왜 우리 자녀들이 하나님을 떠나고 교회를 떠나겠는가?

부모님들이여, 이런 삶이 하나님의 소원하시는 삶이다. 이제는 그렇게 살자. 이제는 행동으로 옮기자. 마음을 정하자. 마음을 정하면 되는 일이다. 다니엘도 마음을 정했다. 그렇게 했을 때 다니엘이 하나님의 은혜로 엄청난 하나님의 뜻, 하나님께로부터 받은 비전을 이룰 수 있었다.

나의 동역자들 중 박종식 장로님 부부, 강순영 목사님 부부, 김철민 장로님 부부, 박수웅 장로님 부부, 김태환 장로님 부부, 김용일 장로님 부부가 여러 지역에서 새 가정 세미나, 결혼 교실 등의 사역과 훈련을 하고 있으며, 그 사역의 열매로 이미 수많은 가정들이 새로워졌고, 자신들의 가정을 통해서 하나님의 소원을 이루도록 최선을 다하고 있음을 나는 목격하고 있다.

"오, 하나님! 하나님의 소원을 이루는 가정을 만들기 위해서 수고하는 동역자들을 주시고 그 소원을 이루게 하시니 감사와 찬송을 드리나이다. 아멘."

아이덴티티(Identity)와 오너쉽(Ownership)

몇 년 전에 시애틀(Seattle)에 있는 교회에서 우리 2세 영어권 대학생들을 대상으로 비전 메시지를 전할 수 있는 기회가 있었다. 약 200여 명이 모였었다. 나는 메시지를 전하기 전에 학생들에게 질문했다. "여러분이 태어난 곳이 한국입니까, 아니면 미국입니까?" 대부분이 미국에서 태어났다고 대답했다. 나는 다시 미국을 자기 나라라고 생각하는 사람 손을 들어보라고 했다. 13명이 손을 들었다. 그러면 한국을 자기 나라라고 생각하는 사람 손을 들어보라고 했다. 3명이 손을 들었다. 나는 학생들에게 "그러면 나머지 학생들은 무엇이냐?"고 물었다. 아무 대답이 없었다. 나는 젊은 학생들에게 종종 이 질문을 한다.

얼마 전에 샌프란시스코에서 어른들을 위한 집회를 하는 중 그 지역의 영어권 중·고등부 학생들을 위해서 토요일을 같이 보내며 메시지를 전했다. 거의 대부분이 미국에서 태어난 자녀들이었다. 미국을 자기 나라라고 생각하는 학생들은 손을 들라고 했더니 7명이 손을 들었다. 다시 질문을 바꾸어 한국을 자기 나라라고 생각하는 학생들은 손을 들어보라고 했더니 2명이 손을 들었다. 그러면 절대다수인 나머지 학생들은 무엇인가?

이런 현상은 미국 교포 자녀들만이 가지는 문제가 아니라 구라파, 남미(브라질, 아르헨티나, 파라과이), 중미, 그리고 중앙아시아, 러시아, 호주, 캐나다 등 세계 여러 나라에 살고 있는 우리 교포 1.5세, 2세, 3세 자녀들도 똑같이 안고 있는 문제이다.

내가 한국을 떠난 후 17년 만에 처음으로 내 모국을 방문했다. 오랜만에 만난 친구들이 모여 나의 귀국 환영 만찬을 베풀어주었다. 순서 중에 내가 인사를 해야 할 차례가 되어서 간단하게 인사를 했다. 인사가 끝나자 한 친구가 "김 박사, 미국에서 17년이나 살았고, 미국 대학교의 교수이며, 이제는 미국 시민권자인데, 당신은 한국 사람이요, 미국 사람이요?"라고 질문을 했다. 한국 사람이라면 믿지 않을 것이고, 미국 사람이라면 코리아의 혼을 판 매국노라고 할 텐데… 어떻게 대답해야 할지 조금 망설이고 있다가 "나는 코리언-아메리칸(Korean-American)이오."라고 대답을 했다. 내 대답을 들은 그 친구가 "Korean이면 Korean이고 American이면 American이지 Korean-American이란 말이 뭐요? 슬그머니 발 빼지 말고 한 가지로

하나님의 소원을 이루기 위하여

분명히 밝히시오."라고 은근히 도전했다.

그 순간 하나님께서 나에게 지혜를 주셨다. "내 얼굴과 모습을 보시오. 에스키모인 같지 않소? 나는 알라스카에서 온 알라스카 원주민이요."라고 대답했더니 그 친구와 모인 친구들이 모두 폭소를 터뜨리며 크게 박수를 쳤다. 이렇게 해서 장내의 분위기가 축제같이 되어 어려운 상황을 모면한 적이 있다.

어느 교포 사회마다 이 아이덴티티 이슈로 많은 의견들이 오가고 있는 것을 본다. 특별한 일치(Consensus)가 없이 가정은 가정대로, 교회는 교회대로, 사회의 리더들은 그들대로, 1세는 1세대로(그 안에도 의견이 분분하고 갈등이 있다), 1.5세는 1.5세대로, 2세는 2세대로, 전문직종에 따라서, 출생지에 따라서, 그리고 현지 거주 경력에 따라서 의견이 다 다르다. 특히 한국계 학자들 사이에도 의견의 일치가 되지 않는다. 그러나 이것은 교포사회와 교회와 가정이 자녀들을 위해서 꼭 해결해야 할 이슈임에는 틀림이 없다.

아들이 결혼을 해서 새 며느리가 시집에 들어와서 함께 살게 되었다고 하자. 시댁에는 시아버지, 시어머니, 그리고 남편의 형제자매들이 같이 살고 있고, 시댁에는 시댁대로 가문에 면면히 흐르는 전통과 풍습과 특수한 삶의 방식이 있다. 그런데 시집 온 며느리가 시댁의 전통과 풍습과 삶의 방식을 무시하고, 자기가 친정에서 익혔던 생활방식(life style)을 고집한다면 시댁은 새 며느리로 인한 충돌로 편할 날이 없을 것이다.

현명한 며느리라면 시댁의 전통과 풍습과 삶의 방식이 친정과 많이 다를지라도 앞으로 언젠가는 자기가 그 가정의 시어머니가 되고 주인이 될 것을 내다보면서 시댁의 전통과 풍습과 생활방식을 잘 터득하고 그것을 잘 융화하고 협력하면서 가정의 평화를 위해서 최선을 다 할 것이다. 그렇게 할 때 그 가정에는 평안이 올 뿐 아니라 결국 그 가정이 새 며느리로 인해 복을 받고, 그 며느리는 그 가정의 복덩이가 될 것이다.

 며느리 때문에 시댁이 복을 받으면 어느 시부모라도 며느리를 사랑하고 아끼고 좋아할 것이고, 그 며느리를 잘 길러서 시집보낸 친정 부모에게 얼마나 감사하고 칭찬을 보낼 것인가. 만약 며느리의 친정에 도움이 필요하게 되면 시댁은 최선을 다해서 며느리의 친정을 도울 것이다. 결국 이 현명한 며느리 때문에 시집과 친정이 화목한 가운데 서로 돕게 되고 양 가정이 복을 받게 될 것이다.

 중요한 것은 이제 며느리의 아이덴티티가 시집의 아이덴티티로 바뀌어서 미스 리(Miss Lee)가 남편의 성을 따라 미세스 김(Mrs. Kim)이 된 것을 인식해야 한다. 그녀는 법적으로 호적을 옮겼기 때문에 이제 시집 사람이라는 새로운 아이덴티티를 갖게 된다. 이제는 시집이 내 가정이라는 오너쉽을 가지고 최선을 다해서 시부모를 섬기고 남편을 사랑하며 동기간들을 잘 돌아보고 가정을 잘 꾸려가야 한다. 그렇게 하면 그 며느리는 점차 그 가정에서 확고한 위치를 갖게 될 것이 아니겠는가? 그 가정이 새 며느리를 통해 복을 받고 화목을 이루었기 때문에 며느리의 영향력은 점점 커지게 될 것이다. 자손만대 시집 가문(곧 자신의 가문)을 크게 번영시킬 수 있는 기회를 갖게 될 것이다.

  이제 자녀를 낳아 길러가면서 그 가정의 전통과 풍습과 생활방식뿐만이 아니라 친정이 가졌던 아름다운 풍습과 삶의 방식들도 잘 융화시켜서 가르치면서 그 삶을 보여주면 결국 며느리를 통해 그 가정은 더욱 발전하며 형통할 것이다. 세월이 흐르면 언젠가는 남편과 함께 그 가문의 한 주인으로서 가정살림의 전체를 책임지게 될 것이다. 그 때가 되면 친정 부모와 형제들, 그리고 친척들도 이전보다 훨씬 더 잘 돌아볼 수 있지 않겠는가. 얼마든지 양쪽 가정과 가문의 발전과 형통을 위해 공헌할 수 있을 것이다.

  양쪽 가정이 이 며느리로 인해서 화목하고 우애하며 서로를 도울 수 있게 되면 얼마나 아름다운 일이겠는가. 그러나 시집 온 며느리가 시집의 삶의 방식은 무시하고 오너쉽 없이 친정만 생각하고 산다면 그것은 정반대의 결과를 가져올 것이다.

  자의든 타의든 한국을 떠나 미국에 와서 살고 있는 우리와 우리 자녀들에게는 한국이 친정이고 미국이 시집이라고 생각을 하면 얽히고설킨 아이덴티티 문제가 쉽게 풀릴 수 있을 것이다. 시집 온 며느리의 성이 미스 리(Miss Lee)에서 미세스 김(Mrs. Kim)으로 그 아이덴티티가 바뀌는 것처럼 한국 국민에서 미국 시민이 된 우리와 우리 자녀들에게 아이덴티티가 바뀌었다는 사실을 인식해야 한다. 우리는 이제 미국으로 호적을 옮기게 되었다. 우리는 미국에 시집 온 처지가 되었다. 따라서 미국에 시집 온 우리가 미국 사회에서 어떻게 살아야 하겠는가? 하나님의 아들딸일 뿐만 아니라 미국 시민으로서의 아이덴티티를 가진 우리가 미국의 오너쉽을 가지고 최선을 다하면 직장과 사업장과 학교와 모든 기관들과 지역사회와 나라가 우리 때문에 복을 받게 될 것이다. 그렇게 되면 내가 섬겼던 주지사가 그랬듯이 얼마나 많은 미국 국민들이 한국을 사랑하고 존경하며 돕고자 하겠는가? 우리 코리언 아메리칸 크리스천들이 우리 자녀들에게 이것을 가르쳐주어야 한다.

비단 미국에서 뿐만이 아니다. 세계 여러 나라에서 살고 있는 우리 교포 크리스천 부모들도 같은 맥락에서 우리 자녀들로 하여금 그들이 살고 있는 나라에서 그 나라의 주인으로서의 아이덴티티와 오너쉽을 가지고 그 나라 그 사회가 하나님의 복을 받도록 요셉과 같이 최선을 다해 그 나라에 이바지하며 살도록 그들을 격려하고 교육해야 할 것이다. 그렇게 할 때 그 나라 주류에 영향력을 주고 그 나라를 변화시키는 위대한 하나님의 자녀들이 많이 배출될 것이다.

우리 1세 부모들은 흔히 교회에서나 가정에서 우리 자녀들에게 "너는 한국 사람이야. 따라서 너는 한국 사람으로 살아야 해."라고 가르친다. 우리 자녀들은 그런 가르침을 받을 때 앞에 언급한 대로 대부분의 경우 혼란에 빠져서 이것도 아니고 저것도 아닌 자기 아이덴티티가 없는 방랑아가 되어버린다. 우리의 자녀들에게 아이덴티티가 분명치 않을 때 그들은 결코 비전을 볼 수 없고 결국에는 오너쉽마저도 가질 수 없게 되어 아무 힘도 영향력도 없는 방관자(bystander)의 삶을 살 수밖에 없게 될 것이다. 따라서 그들의 삶에 아무런 기쁨이나 감격도, 의미도 없는 그런 삶을 사는 젊은이들을 나는 너무나 많이 목격해왔다.

생각해보자. 어려서 미국에 이민을 왔거나 또는 미국에서 태어난 2세 자녀들이 미국에 대한 오너쉽 없이 어떻게 미국의 주류에서 영향력을 발휘할 수 있겠는가? 혹자는 자녀들 공부 잘 시켜서, 그들이 좋은 학교 졸업해서 좋은 직장이나 사업체 가지고 잘 먹고 살면 되지 구태여 아이덴티티가 어떻고 오너쉽이 어떻고 왈가왈부(曰可曰否)할 필요가 있느냐고 생각할지 모른다. 하지만 하나님께서 왜 우리 한인들, 특히 한인 크리스천들을 미국 땅에 보냈는지 그 하나님의 소원을 잊어버린다면 우리가 이 땅에 살아야 할 목적을 완전히 상실한 것이나 다름이 없다.

내가 36년 이상 미국에서 살면서 학문과 실제 체험을 통해서 미국을 배우고, 또 그 중 31년 동안을 미국 대학 강단에서 가르쳐 오면서 폭넓게 체험한 나의 제의를 그냥 묵과하지 말기 바란다. 교회의 리더들과 가정의 부모들이 이제는 마음을 열고 하나님 편에 서서 꼭 해결해야 할 중요한 이슈라고 생각한다. 레온파네타(Leon Panetta, 내가 사는 몬터레이 지역 출신으로서 18년 동안 미연방 국회의원을 지냈으며 클린턴 대통령 때는 그의 비서실장을 역임했다)씨는 이태리 계통의 미국인이다. 그는 우리 대학교 안에 파네타 인스티튜트(Panetta Institute)를 설립해서 정책 분야의 연구소로 운영하고 있는데 현재도 미연방정부의 정책에 큰 영향력을 행사하고 있다. 그가 미연방정부의 실력자들을 초청해서 우리 대학교와 공동으로 포럼을 개최할 때마다 그는 언제나 "나는 이탈리아 전통을 가진 자랑스런 미국인입니다(I am a proud American with the Italian heritage).".라고 자기를 소개한다. 자기가 살고 있는 미국에 대한 오너쉽을 가진 그 아이덴티티가 그로 하여금 미 정계에서 큰 영향력을 끼치게 하는 것을 나는 직접 볼 수 있었다.

나는 1989년 5월 말에 알라스카 주의 쿠퍼(Cowper) 주지사를 모시고 한국을 방문할 수 있는 기회가 있었다. 주지사와 그의 영부인, 주상공 장관, 주지사 공보비서, 전 주한미국 워커(Walker) 대사와 함께 나는 주지사 경제·통상 특별고문의 자격으로 한국과 일본, 그리고 대만을 방문하기 위해서 앵커리지에서 KAL기를 타고 서울로 향했다.

비행 도중 나는 브리핑을 하기 위해서 일등석에 타고 있는 주지사 부부를 찾아갔다. 우리 일행은 프레스티지 클래스(Prestige Class)에 타고 있었다. 나는 알라스카 주지사 경제·통상 특별고문으로 주지사 세 분을 10년 이상 섬기면서 주지사를 동행해서 38번의 해외출입을 했다. 특별히 쿠퍼 주지사와는 가장 친한 친구로 지냈다. 그때마다 나의 중요한 임무는 주지사 보좌관들과 같이 주지사 방문을 위한 모든 여행일정계획서(itinerary)를 만드는 일과 주지사의 방문이 소기의 목적을 달성할 수 있도록 양국 또는 양 지역에서 같이 협력하고 통상할 수 있는 이슈들을 분명하게 분석하여 정리해서 주지사에게 보고하는 일이었다. 따라서 매번 알라스카의 입장과 방문 국가의 입장을 정확하게 전달하고 어떻게 하면 상호 유익을 가져올 수 있는지(Win-Win situation) 그 시나리오, 또는 전략적인 계획을 세우고 그 장단점을 분석해서 브리핑을 해야 했다. 그리고 그 브리핑에는 그곳에 가서 만나야 할 리더들의 프로필(profile)과 취미, 업적, 정책 경향 등의 자료들도 수집해서 포함시켰다.

경제·통상 특별고문으로서의 나의 가장 중요한 역할은 모든 협상을 통하여 양(兩) 국가 또는 양 지역이 상호간에 유익한 협력을 모색하는 것이었다. 나는 이 임무를 수행하면서 늘 '하나님이시라면 어떻게 하실까' 하는 생각을 마음에 두고 그 방법을 모색하곤 했다. 그 결과 언제나 서로에게 유익한 결과를 가져오지 않은 때가 거의 없었다. 이것은 전적으로 하나님의 은혜이다.

나는 쿠퍼 주지사 옆에 앉아서 한국 방문 5일간의 일정을 리뷰(review)하고, 청와대를 방문해서 노태우 대통령을 만나고, 현대와 대우의 회장들과 상공부 장관, 동자부 장관, 한-알라스카 협력회의 임원들과 한국 측 대표, 그리고 대학교 총장들을 만났을 때 알라스카의 입장과 한국의 입장들을 보고하면서 상호 협력으로 이룰 수 있는 여러 방법들을 브리핑했다.

브리핑을 끝내고 자리에서 일어나는데 주지사가 갑자기, "존, 여기 좀 앉아요. 내가 한국을 세계 어느 나라보다 좋아합니다(John, sit down here. You know, I like Korea more than any other country in the world)."라고 말하지 않는가?

나는 그럴 만한 특별한 이유가 있냐고 물었더니 그는 "존, 당신 때문이오!(because of you, John!)"라고 대답했다. "왜 나 때문입니까?(why me?)"라고 물었더니 주지사는 "존, 당신은 진정한 미국인으로서 내 오피스의 어느 스태프보다도 더욱 모든 정성을 다해서 충성으로 나를 섬기고 있습니다. 나는 진심으로 고맙게 생각합니다 (John, you are a true American who serves me with all your heart, more than any other staff in my office. I really thank you very much)."

나는 코가 시큰해지고 눈물이 핑 돌았다. 그는 계속해서 "그러나 당신은 또한 훌륭한 한국인인 것도 나는 알고 있습니다(but I know that you are also a wonderful Korean.)."

우리는 이 에피소드를 통해 무엇을 배울 수 있을까? 나는 코리언의 전통을 이은 자랑스러운 미국인으로 알라스카가 나의 주(州)라는 오너쉽을 가지고 살았다. 그리고 나는 주지사를 섬길 때 예수 그리스도의 심장을 가지고 에베소서 6장 5~8절 말씀을 모토로 섬기기로 마음을 정했다. "…눈가림만 하여 사람을 기쁘게 하는 자처럼 하지 말고 그리스도의 종들처럼 마음으로 하나님의 뜻을 행하여 단 마음으로 섬기기를 주께 하듯 하고 사람들에게 하듯 하지 말라…" "단 마음으로 섬기라"는 말을 영어 성경(NIV)은 "Serve wholeheartedly"라고 했다. 이것은 온 마음을 다해 섬기라는 의미이다.

나는 주지사를 온 정성을 다해 순수하게 섬겼다. 왜냐하면 나는 알라스카 요셉의 꿈을 내 마음에 품고 요셉같이 섬기기로 작정했기 때문이다. 그리스도의 심장으로 그를 사랑하며 최선을 다해 섬겼더니 그가 한국을 세계 어느 나라보다도 더 사랑한다고 고백한 것이다. 그것을 바라고 그를 섬긴 것은 결코 아니었지만… 쿠퍼 주지사는 사실 한국을 너무 좋아했다. 그는 10만 명의 코리언들을 알라스카에 이민으로 이주시키려고 알라스카 출신 상원들을 설득해서 미 연방 국회에 알라스카 주를 위한 특별법을 제정해 줄 것을 요청했다. 안타깝게도 하와이(Hawaii; 아시아인들)와 텍사스(Texas; 멕시코 사람들) 등 다른 주에서도 그렇게 하겠다는 요청이 많아 그는 그 일을 이루지 못한 채 임기를 마쳤다. 그는 한국과 한국인을 그만큼 좋아하는 주지사였다. 쿠퍼 주지사가 임기를 마친 1년 후 나는 그를 초청해서 내가 경영하는 알라스카 국제경영센터의 수석 레지던트(Distinguished Resident in International Business)로 임명했다. 우리는 알라스카의 세계 진출을 위해서 다시 동역자가 되었다.

나는 알라스카에 사는 동안 알라스카가 내 땅이라는 오너쉽을 한 번도 잊은 적이 없다. 나는 앵커리지 지역과 내가 몸담았던 알라스카대학교도 강한 오너쉽을 가지고 최선을 다해 섬겼다. 나의 아버지이신 하나님께서 만드신 그곳이기에 하나님의 아들로서, 왕 같은 제사장으로서, 하나님의 후사로서, 그리스도의 대사로서, 그리스도의 심장을 가지고 그렇게 한 것이다. 확실히 말하건대, 나와 내 자손의 가장 중요한 아이덴티티(identity)는 우리가 하나님의 아들딸이며 하나님의 후사라는 것이다. 이 아이덴티티만 바르게 세워지면 엄청난 영향력을 주는 오너쉽을 가지고 살 수 있다.

내가 내 겉 얼굴을 표백해서 하얗게 바꾼다 해도 내 얼굴의 모습과 내 속에 흐르는 한국인의 피와 내 뿌리를 바꿀 수 있겠는가? 그럴 수 없다. 나는 혈통상 영원한 한국인으로 남을 수밖에 없다. 나는 그것을 자랑스럽게 생각한다. 그리고 나는 한국을 무척 사랑한다(롬 9:1-3). 그것이 나의 진심이다. 그러나 신분상으로 말하면 나는 확실한 미국인이다. 나는 미국 시민권을 받으면서 미국 시민으로서 그 의무와 권리를 행할 것을 기꺼이 선서했다. 나와 내 아내와 내 자녀들이 지금 이 나라에 살고 있고 우리가 죽으면 이 땅에 뼈를 묻을 것이다. 이제는 우리는 한국을 모국으로 가진 미국인이다. 한국은 나의 영원한 모국이고 지금 내 나라는 미국이다. 그래서 나는 내 아이덴티티를 말할 때 코리언 아메리칸 이라기보다는 "나는 한국의 전통을 가진 자랑스러운 미국인(I am a proud American with the Korean heritage.)"이라고 표현한다. 이 아이덴티티, 즉 하나님의 아들딸로서 한 민족의 피와 전통을 가진 자랑스러운 미국인이라는 이 아이덴티티가 나로 하여금 내가 지금 살고 있는 나라 미국에 대한 오너쉽을 강하게 갖게 했고, 그것이 나로 하여금 미국 사회에 큰 영향력을 발휘할 수 있는 삶을 살게 하고 있다. 높은 직위가 문제가 아니라 그들의 삶에 얼마만큼 영향력을 줄 수 있느냐가 중요하다.

아이덴티티 문제를 해결하는 길은 바로 오너쉽을 갖는 것이다. 하나님 편에서 보자. 하나님께서 우주를 창조하시고 지구를 창조하셨다. 미국과 한국과, 그리고 세계 모든 나라들을 창조하셨다. 뿐만 아니라 그 위와 아래에 있는 모든 것들을 다 하나님이 창조하셨다. 하나님께서 인간을 창조하신 후에 보시기에 심히 좋았다고 하시면서 "하나님이 그들에게 복을 주시며 그들에게 이르시되 생육하고 번성하여 땅에 충만하라, 땅을 정복하라, 바다의 고기와 공중의 새와 땅에 움직이는 모든 생물을 다스리라 하시니라"(창 1:28)고 말씀하셨다. 온 땅에 충만하여 '주인'으로서 정복하고 다스리라고 말씀하지 않았는가? 우리가 이 땅에서 주인인 것을 알아야 하고 주인으로 살아야 한다.

우리는 하나님의 자녀들이다. 우리가 하나님의 자녀들이기에 또한 아버지 하나님께서 지으신 이 땅과 세계의 주인이 아닌가? 하나님께서 주를 믿는 우리에게 하나님의 자녀가 되는 권세를 주셨을 뿐 아니라(요 1:12) 하나님의 후사 곧 그리스도와 공동후사(롬 8:17), 그리스도의 사신(대사)(고후 5:20), 왕 같은 제사장(벧전 2:9)의 특권을 주셨다. 얼마나 대단한 특권이 주어진 신분인가? 우리는 하나님께로부터 받은 이 놀라운 특권을 우리의 실제 삶에 구체적으로 적용해야 하며 매일매일의 생활에서 실천해야 한다. 이 하나님께로부터 부여받은 신분에 합당한 정신을 나는 오너쉽이라고 표현하고 싶다.

우리는 이 오너쉽을 교회에서, 가정에서, 우리의 삶의 현장과 생존 경쟁의 모든 전문 분야에서, 그리고 나라 안에서와 세계 속에서 우리 자녀들에게 보여주어야 한다. 우리가 이 땅에서의 삶을 살면서 주인으로서 오너쉽을 갖고 사는 것이 너무도 당연하고 중요하기 때문이다.

우리가 아파트(미국의 아파트는 매달 세를 낸다)에서 살 때를 생각해 보자. 아파트 벽에 낙서가 있어도, 앞·뒤마당에 잡초가 나고 잔디가 무성하게 자라도, 아파트에 세를 들어 사는 사람은 그런 것들을 개의치 않는다. 왜냐하면 그가 주인이 아니기 때문이다. 그것은 주인이 신경 쓸 일이지 렌트비를 내고 사는 사람이 신경 쓸 일이 아니다.

그러나 내가 집을 사서 주인이 되면 입장이 달라진다. 낙서를 지우고, 페인팅도 하고, 앞·뒤마당의 잡초도 뽑고, 잔디도 깎고, 화단을 만들고… 심지어는 많은 돈을 들여서 리모델(remodel)도 할 것이다. 왜 그럴까? 주인이기 때문이다. 나는 9년 동안이나 제약이 많은 아파트에서 살다가 처음으로 집을 사 들어갔을 때의 그 기쁨과 감격을 지금도 잊을 수가 없다. 내 집의 주인이 되었기 때문이다.

우리는 어떤 이유에서든지 고국을 떠나 이 땅에서 살기 위해서 왔다. 그랬으면 이제 마음을 정해야 한다. 미국을 내 나라로 알고 그렇게 '마음'을 정해야 한다. 다니엘이 '마음'을 정했던 것처럼 말이다. 그래야 우리에게 이 나라에 대한 오너쉽이 주어질 것이며 우리가 이 땅에서 주인으로 살 수 있을 것이다. 이 패러다임으로 바꿔야 한다.

미국에 살고 있는 우리 유색인들이 마이노리티(minority: 소수인종)의 관념을 가지고 너무 위축되어 사는 것을 나는 너무나 많이 목격해 왔다. 얼굴 색깔로 구분하여 소수인종(minority)과 다수인종(majority)으로 구분한다면 우리 한국계 미국인은 미국에서 마이노리티 중 마이노리티라는 사실을 부인할 수 없다.

그러나 내가 마이노리티라는 의식과 관념을 갖고 살면 그것이 얼마나 나 자신을 한계화(marginalizing)하고 제한하는가를 분명히 깨달아야 한다. 결국 그런 의식이 내면에 자리 잡고 우리를 지배하면 그것이 우리로 하여금 불평, 불만, 증오, 미움, 질투, 선망, 핑계, 그리고 모든 것을 다른 사람 잘못으로 돌리게 하는 비겁하고 괴로운 삶을 살게 할 뿐만 아니라 배타적이고 비협조적이며 이기적인 인간관계를 갖게 하고 나아가 충돌적이고 전투적인 성격의 삶을 살게 한다는 사실을 우리는 미국 마이노리티 역사를 통해서 분명히 배울 수 있고 지금도 그것을 어렵지 않게 직접 목격할 수 있다.

특히 '나는 마이노리티이다' 라는 멘탈리티를 가지고 살면 피해의식이 강하게 작용해서 자신의 인격에 큰 상처와 아픔을 주는 것을 너무나 많이 보아왔다. 바로 내가 그런 삶을 살았었기 때문에 나는 그것을 너무나 잘 안다.

하나님의 자녀들은 그들이 살고 있는 나라뿐 아니라 전 세계에 대하여 오너쉽을 가지고 있는 당당한 주인이라는 사실을 잊어서는 안 된다. 우리가 이 땅의 주인으로서 온 땅에 하나님의 영광이 충만하도록 그렇게 생육하고 번성하고 다스리는 것이 하나님께서 우리를 지으시고 부르신 계획이요 소원이 아닌가?

하나님께서 아들을 십자가에서 죽게 하시고 그 피값으로 우리를 사셔서 구원하시고 하나님의 전적인 은혜로 우리를 자녀로 삼으셨는데 하나님께서 지으신 이 땅에서 하나님의 자녀인 우리가 마이노리티로서 또 방관자로 힘없이 살아야한단 말인가? 이것이 하나님의 자녀들을 향한 소원이고 뜻이겠는가? 우리는 하나님의 소원을 깊이 헤아려서 이 마이노리티 패러다임을 당장 바꾸어야 한다. 하나님의 아들딸된 우리가 살고 있는 미국을 우리가 청교도의 신앙으로 회복시켜 다시 하나님의 나라로 되찾지(reclaim) 못한다면 누가 이 땅을 차지하겠는가? 세상에 속한 사람들로 하여금 이 땅을 소유하게 할 것인가? 죽어도 그렇게 할 수는 없다. 우리가 그 오너쉽을 되찾아야 할 권리와 의무를 가지고 있다.

　미국에서 직원 10,000명을 둔 큰 회사 회장 겸 주인이 한국계 미국인이라고 하자. 또 대다수의 직원들은 백인들이라고 하자. 회장이 유색인의 얼굴을 가졌다고 해서 그가 마이노리티 의식을 가지고 회사를 운영한다면 그 회사가 어떻게 되겠는가? 얼굴색과 관계없이 그는 회장이며 오너쉽을 가진 주인이다. 결코 마이노리티가 아니다. 그는 불철주야로 회사의 발전과 번영뿐만 아니라 10,000명 직원들의 복지와 안녕을 위해서 그는 밤낮없이 생각하고 몰두하며 노력하면서 최선을 다해 회사를 운영할 것이다. 왜냐하면 그가 주인이기 때문이다.

　나는 내가 살고 있는 이 나라 미국에 대한 오너쉽을 가지고 지난 20여 년 동안 하루라도 미국을 내 심장 안에 넣고 눈물 흘리며 기도하지 않는 날이 없다. 물론 하나님께서 나에게 강권적이고 일방적인 부담을 주셔서 미국을 가슴에 품고 사랑하며 기도하고 회개하며 희생하라는 하나님의 소원을 보여주셨고 그것을 사명으로 주셨기 때문이기는 하다. 그러나 우리가 마이노리티라는 입장을 핑계 삼아서 하나님의 소원 곧 이 나라의 주인으로서 이 나라를 각성시키고 하나님의 부흥을 가져오게 하는 이 엄청난 사명을 포기할 수 있겠는가?

　나는 강의실에 강의하러 들어가기 전에 언제나 내 사무실에 앉아서 학생들의 이름을 부르며 그들이 잘 배울 수 있도록 하나님께서 은혜 주시기를 기도할 뿐 아니라 내가 그리스도의 대사로서 그리스도의 심장을 가지고 그들을 가르칠 수 있도록 나에게 기름 부어 주시기를 꼭 기도한다. 따라서 나는 한국계 마이노리티 교수로서 학생들(주로 백인 학생들)을 가르치는 것이 아니고 그리스도의 대사로서 그리스도의 심장으로 미국과 세계를 가슴에 안고 우리 대학교의 주인으로서 당당하게 그들을 가르친다.

나는 강의실에서 학생들을 가르칠 때에도 하나님의 임재를 느낀다. 내 안에 그리스도가 사시기 때문이다(갈 2:20). 그런 분위기 속에서 하나님의 은혜에 힘입어 나는 그들과 마음으로 대화하고 그들의 배움을 효과적으로 도전하며 그들에게 동기를 부여한다. 나의 도전과 동기부여를 받은 그들이 더 열심히 공부해서 클래스 전체 학생들의 성적이 월등하게 올라가는 것을 나는 매학기 경험한다. 그들이 기독교인이든 아니든 관계없이 나는 그들을 그리스도의 심장으로 사랑하며 가르치고 지도한다. 그리고 그들을 진심으로 아끼면서 도와준다. 내가 얼마나 그들을 사랑하고 아끼며 최선을 다해 가르치는가를 그들은 안다. 그러기에 내 클래스는 다이내믹하게 운영된다.

나는 이것이 전적으로 하나님의 은혜요 축복인 것을 믿는다. 그러나 내 편에서 볼 때 내가 전문직 교수로서 하나님의 은혜와 역사를 체험하며 영향력을 미치는 비결은 바로 이 '오너쉽(ownership)'이다. 내가 하나님의 자녀, 그리스도의 대사로서 이 땅에서 하나님으로부터 권위를 부여받은(empowerment) 당당한 주인인 사실을 확실히 알고 오너쉽을 갖고 주인으로 살면서 가르치기 때문이다.

내가 새 학교로 옮겨와서 강의실 옆에 있는 화장실에 들어갔을 때 학생들이 소변을 보거나 대변을 보고도 물로 씻어내지(flush out) 않고 그대로 둔 것을 자주 목격했다. 또 종이 타월이 바닥 여기저기에 즐비하게 널려져 있는 것도 보았다. 나는 이런 것을 보면서 늘 안타까운 마음이 있었다. 그러나 처음에는 밤에 관리인들이 청소를 할 테니까 하고 생각해서 그대로 두었다. 그러던 어느 날 문득 '내가 이 학교의 주인'이라는 생각이 스쳤다. 나는 주인 노릇을 해야겠다고 마음을 정하고 그 이후부터는 화장실에 갈 때마다 바닥에 떨어진 종이조각들을 줍고, 대소변기를 물로 씻어내고, 그리고 세면대 주변까지 깨끗하게 청소했다. 물론 밤에는 관리인들이 청소를 하지만 내 학교인데 낮에 그런 상태로 내버려둘 수만은 없는 일이었다. 혹시 외부 손님이나 초청강사들이 그 화장실에 들어간다면 얼마나 창피스러운 일이겠는가? 나는 6개월 동안 묵묵히 그 일을 계속했다. 6개월이 지나도 내가 화장실에 들어가서 보면 예전과 똑같았다.

어느 날, 나는 클래스에서 학생들에게 '오너쉽'이 무엇인지에 대해서 말했다. 그리고 내가 6개월 동안 화장실 청소를 하고 있다는 것도 얘기했다. 학생들이 그 말에 도전을 받고 마음가짐과 행동을 바꾸어서 그 더럽던 화장실을 깨끗하게 사용하고 있다. 문제는 역시 '오너쉽'이었다. 주인은 화장실도 깨끗하게 사용한다.

몇 년 전에 박찬호가 LA 다저스(Dodgers)의 선수로 뛸 때 뉴욕 쉐이 스타디움(Shea Stadium)에서 뉴욕 메츠(Mets)와 경기를 했다. 박

하나님의 소원을 이루기 위하여

　찬호 선수가 투수로 등장한다는 소식이 전해지자 플러싱을 중심으로 해서 뉴욕 지역에 사는 몇 만 명의 교포들이 경기장으로 모여들었다. 다저스가 지고 있는 상황에서 감독이 중간에 투수를 교체했다. 그러자 박찬호 선수를 응원하러 왔던 수많은 한인 교포들이 경기 도중에 경기장을 떠나버렸다. 다음날 뉴욕 메츠 팬들은 우리 교포들의 태도를 날카롭게 공격했다. '뉴욕에 사는 한인 교포 커뮤니티는 박찬호를 위한 커뮤니티인가, 뉴욕을 위한 커뮤니티인가?' 하고 그들이 지상을 통해서 우리 교포들을 신랄하게 비난했던 것을 우리는 기억한다. 미국에 살고 있는 교포의 70%가 교인이라면 이것은 우리 코리언 아메리칸 크리스천의 문제이다.
　LA 다저스 스타디움에서 박찬호 선수가 게임을 할 때에도 같은 상황이 벌어졌다. 박찬호 선수의 선전 여하에 따라서 경기가 끝나기 전에 썰물처럼 빠져나가는 일이 있어서 불평과 비난의 표적이 되곤 했다. 뉴욕 교포들이 박찬호 선수를 응원하는 것은 충분히 이해할 수 있으나 투수가 교체됐더라도 끝까지 남아서 메츠를 응원했더라면 뉴욕 사회에서 한인 교포 사회가 얼마나 좋은 평판을 얻었겠는가? 이 사건도 코리언 아메리칸 크리스천들의 아이덴티티와 오너쉽에 직접적으로 관련되는 일이다. 이제는 구경꾼이거나 손님이어서는 안 된다. 우리가 사는 지역사회에 대해서도 주인이 되어야 한다.

　몇 년 전에 시카고 지역에서 실시한 '어느 인종(ethnic group)을 제일 좋아하느냐'는 설문 조사에서 우리 한인 교포들이 54인종 중에서 43번째로 나타났다.

2001년 1월에 뉴욕의 한 신문사가 뉴욕 지역에 살고 있는 모든 인종들을 대상으로 '어느 인종(ethnic group)이 인간관계가 가장 좋은가?' 하는 설문을 조사했다. 그 결과 한인교포들은 61번째로 보고 되었다. 미국을 대항해서 전쟁을 일으켰던 일본인은 두 번째로 좋은 인간관계를 갖고 있다고 보고 되었고, 우리 한인들이 무시하는 인종들도 다 한인교포들보다 훨씬 인간관계가 좋다고 보고 되었다. 부끄러운 일이다.

그 많은 인종들 중에서 인구에 비례해서 보면 크리스천들이 가장 많은 인종이 우리 한인 교포들인데 왜 하나님의 아들딸인 우리가 사는 지역사회에서 그렇게 낮은 인정을 받고 있을까? 궁극적으로는 우리 코리언 아메리칸 크리스천들이 여러 사연으로 이 땅에 살기는 하지만 주인으로 오너쉽을 가지고 마음을 정하고 그리스도의 심장을 나누고 베풀며 가꾸지 않기 때문이다. 사실 우리는 우리가 하나님의 아들딸이면서도 이 땅에 살면서 가정과 자녀와 사업과 우리가 섬기는 교회만을 위해서 우리끼리만 살아왔다고 고백하지 않을 수 없다. 우리 모두 가슴을 찢고 통분하면서 먼저는 하나님께 회개하고 나아가서 우리가 살고 있는 지역사회에서 책임 있는 주인으로서 예수 그리스도의 심장으로 모든 인종들과 서로 화목하고 협력하며 살기를 결심하고 그렇게 행동하자. 그래서 요셉처럼 우리 때문에 우리가 살고 있는 지역사회와 나라가 복을 받게 하자.

독일이 세계제1차대전에서 패배한 후 완전히 폐허된 나라를 다시 복구하느라고 그들은 엄청난 고생을 하고 있었다. 한편으로 제1차대전에 승리한 연합국 측에서 주장한 전쟁 손해배상이 너무나 엄청나서 독일인들은 그 손해배상을 갚느라고 허리띠를 졸라맬 수밖에 없었다. 바로 그때, 독일에 와 살았던 유태인들은 독일 사람들과 어울려서 더불어 살지를 않고 자기들끼리만 모여 살았다. 유태인들이 독일 땅에 살면서도 독일 사람들과 전혀 융화하지를 않고 자기들끼리만 따로 살았던 것이다. 당시 그들이 모여 살았던 곳을 게토(Ghetto)라고 불렀다. 게토라는 말이 그런 배경 속에서 생긴 것이다. 그런 과정에서 독일 사회에 자기들은 생계에 허덕이며 어렵게 살아가는데 유태인들이 금 그릇에 금 수저로 잘 먹고 호화롭게 잘 산다는 소문이 떠돌기 시작했다. 그것이 사실인지 어느 누구도 확인하지 않은 소문이 입에서 입으로 퍼져나갔다. 독일인들의 유태인들에 대한 근거 없는 지각(perception)이었다. 그러나 마침내는 사실과는 상관없이 그 소문이 전 독일 사회에 퍼지게 되었고 그것이 대다수의 독일 사람들로 유태인들에 대해서 아주 부정적인 생각을 갖게 했다. 이런 사회적 감정이 결국은 히틀러가 유태인을 학살하는 동기의 하나가 되었다. (게르만족의 민족주의는 땀과 피와 흙에 기준하고 있다) 독일 국민들이 유태인들을 비참하게 죽이는 학살이 옳지 않은 줄 알면서도 반대하지 않고 묵과하면서 오히려 그 사건에 동참했다는 사실을 우리는 역사의 기록을 통해서 볼 수 있다. 그들이 독일에 살면서 진정 주인으로 그 땅을 가꾸고 모든 것을 같이 나누며 서로 도우며 살았는데도 그런 일을 당했을까? 퍼셉션은 무서운 것이다. 그것이 근거 있는 사실이 아닐지라도 무서운 결과를 가져 올 수 있다는 것을 역사가 말해주지 않는가? 아울러 우리 교포 크리스천들이 지금 이 땅에 살면서 어떤 마음가짐으로 살고 있으며 그것이 그 지역사회에서 주민들에게 어떠한 퍼셉션을 주고 있는지 깊이 생각해 보아야 할 것이다.

우리 교포 크리스천들이 모국인 한국을 진정으로 사랑하고, 그리고 우리가 참으로 그리스도의 복음을 전하는 그리스도의 대사라고 한다면 현재와 같은 우리의 삶의 태도와 방향을 과감히 바꾸어야 한다. 우리가 변화(transforming)되어야 한다. 패러다임의 전환이 필요하다. 우리 교포들 때문에 우리 모국이 칭찬 받고 사랑 받아야 하지 않겠는가? 우리 때문에 하나님의 이름이 높여져야 하지 않겠는가? 우리 때문에 한국이 욕을 먹고 미움 받는다면 그것이 누구의 책임이겠는가? 우리 때문에 그리스도가 욕을 당한다면 그것은 바로 "하나님의 이름이 너희로 인하여 이방인 중에서 모독을 받는도다" (롬 2:24)라고 한 하나님의 말씀과 무엇이 다르겠는가? 예수 그리스도의 심장으로 오너쉽을 갖고 주인으로 살자는 것이다.

예수 그리스도의 영을 받고 그분의 심장을 가진 사람이 하나님의 자녀요, 그 하나님의 자녀가 이 땅의 주인이다. 우리 자녀들에게 이 그리스도의 심장을 그들의 절대 가치관(즉 십자가의 사랑과 용서, 인내와 순종, 은혜와 진리, 생명과 부활)으로 심어주자. 그래야 우리 자녀들이 하나님의 소원을 이룰 수 있는 위대한 지구의 주인 곧 글로벌인(global men and women)이 될 것이다.

세계 각국에 흩어져 사는 한인 교포 사회는 이제 고정관념을 깨뜨리고 패러다임을 바꾸어야 한다. 우리 문화와 전통과 가치관만이 좋다고 하는 관점(ethnocentric perspective)에서 하나님의 우주적이고 세계적인 관점(global perspective)으로 바꾸어야 한다.

　요셉과 다니엘과 에스더와 사도 바울을 보자. 요셉은 노예로, 다니엘은 전쟁 포로로 끌려갔다. 그러나 그들에게는 하나님의 꿈과 소원에 대한 열망이 있었기에 그들은 노예나 포로의식에 사로잡혀 소극적으로 살지 않고 하나님 편에서 당당한 역사의 주인으로 살았다.

　요셉은 노예로 애굽에 끌려가서 심지어는 죄 없이 감옥살이까지 하면서도 자기를 판 형들을 원망하며 괴로워하거나 애굽 나라를 원수로 여겨 분을 품지 않고 그것이 역경이었지만 그 환경 속에서도 하나님의 소원을 이루기 위해서 하나님의 사람으로 꿋꿋이 정결하게 살면서 하나님을 바라보았다. 요셉은 하나님의 때에 하나님의 은혜로 노예에서 일약 국무총리가 되었다. 그는 애굽을 창대하게 만들었고, 자기 가족과 민족과 애굽과 전 세계를 경제파탄에서 구해낸 위대한 하나님의 사람이 되었다. 하나님은 요셉으로 하여금 그가 끌려간 애굽 나라를 가슴에 안고 최선을 다해 가꾸고 다스려 그 나라를 창대케 함으로서 결국 그 땅에서 하나님의 이름이 높임 받는 하나님의 소원을 이루었던 사실을 우리는 잘 알고 있다. 그는 노예로 끌려간 땅에서도 하나님의 사람으로, 주인으로 살았다.

　다니엘은 어떠한가? 그는 바벨론에 전쟁 포로로 끌려갔다. 다니엘은 전쟁 포로로 끌려가서 원수 나라의 왕을 섬겨야 하는 비참한 상황을 맞았지만 그는 포로의식에 사로잡혀 나날을 한숨과 탄식으로 보내지 않고 하나님의 꿈을 이루기 위해서 하나님과 동행하며 하나님의 사람, 역사의 주인으로 당당히 살기로 마음을 정했다. 이런 꿈과 비전 속에서 그는 바벨론과 바사의 임금들을 온 마음으로 극진히 섬겨서 그 나라를 창대케 함으로써 결국 다니엘 때문에 그 나라 왕이 하나님의 이름을 높이 칭송하며 하나님께 영광 돌렸던 역사적인 사실 또한 우리는 잘 알고 있다. 다니엘도 전쟁포로로 끌려간 바벨론 땅에서 하나님의 소원을 품고 이루는 주인으로 살았다.

에스더를 보자. 에스더는 이방 나라 바사에서 일찍 부모를 여의고 사촌 오빠인 모르드개를 통해 양육되었다. 모르드개는 에스더를 목적을 가지고 의도적으로, 전략적으로 길렀다. 에스더는 바사 나라의 왕후의 자리에 올랐고 왕의 총애를 받게 되었다. 우리는 왜 에스더가 왕의 총애를 받았을까를 생각하고 깨달아야 한다. 바사 나라에 살고 있던 모든 유대 교포들이 하만 장군에 의해 다 죽임을 당해야 할 그때 왕후 에스더는 사흘간 금식하며 하나님께 기도하기를 작정하고 모르드개를 통하여 모든 유대 교포들에게 함께 금식할 것을 부탁했다. 사흘 후 에스더는 '죽으면 죽으리라'는 각오로 왕에게 나아갔다. 결국 에스더의 지혜와 결단으로 파사 나라의 유대 교포들을 모두 죽이려 했던 하만이 처형을 당하고 유대 교포들의 목숨은 그대로 지켜졌다. 이 역사적 사건이 우리 크리스쳔 교포들의 삶과 전혀 무관하다고 할 수 있겠는가? 에스더 역시 이방 나라 바사

하나님의 소원을 이루기 위하여

에 살면서도 하나님 편에서 하나님의 소원을 이루는 위대한 하나님의 딸이었다. 그녀도 주인으로 살았다.

사도 바울을 보자. 사도 바울은 다소 지방에서 로마 시민으로 태어난 유대인 2세였다. 그는 유대교에 열심을 품은 사람이었다. 그리스도인들을 핍박하기 위해 다메섹으로 가던 그는 도상에서 예수 그리스도를 전격적으로 만났다. 예수 그리스도와의 만남을 통해서 그의 생은 완전히 바꾸어졌다(transformation). 예수 그리스도를 만난 후 그는 그리스도의 심장을 품게 되었다. 빌립보서 3장에서 그는 다음과 같이 고백한다.

"내가 팔일 만에 할례를 받고 이스라엘의 족속이요 베냐민의 지파요 히브리인 중의 히브리인이요 율법으로는 바리새인이요 열심으로는 교회를 핍박하고 율법의 의로는 흠이 없는 자로라 그러나 무엇이든지 내게 유익하던 것을 내가 그리스도를 위하여 다 해로 여길뿐더러 또한 모든 것을 해로 여김은 내 주 그리스도 예수를 아는 지식이 가장 고상함을 인함이라 내가 그를 위하여 모든 것을 잃어버리고 배설물로 여김은 그리스도를 얻고 그 안에서 발견되려 함이니 내가 가진 의는 율법에서 난 것이 아니요 오직 그리스도를 믿음으로 말미암은 것이니 곧 믿음으로 하나님께로서 난 의라"(빌 3:5-9)

13, 14절에 "형제들아 나는 아직 내가 잡은 줄로 여기지 아니하고 오직 한 일 즉 뒤에 있는 것은 잊어버리고 앞에 있는 것을 잡으려고 푯대를 향하여 그리스도 안에서 하나님이 위에서 부르신(하나님의 소원, 소명) 부름의 상을 위하여 좇아가노라"

이 예수 그리스도의 심장을 품은 바울에게 하나님께서는 이방인에게 그리스도의 복음 전하기를 소원하시는 하나님의 마음, 즉 하나님의 감추었던 비밀의 비전을 드러내 보여주셨다. 이 엄청난 하나님의 소원, 즉 비밀의 경륜을 성취하기 위해서 그리스도의 심장을 품고 생명을 다해 복음을 전한 이 한 사람 사도 바울로 말미암아 이방 사람인 우리가 그리스도의 복음을 받아 구원을 얻게 되었고 함께 하나님의 후사가 되어 하나님의 약속에 참여하는 자가 된 것이다. 놀라운 사실이 아닐 수 없다(엡 3:1-11).

　그가 유대인 민족의 전통적인 가치관, 즉 유대이즘(Judaism)을 가지고는 이방인들에게 그리스도의 복음을 전할 수 없었다. 유대이즘(Judaism)은 너무나도 편협한 유대 중심의 관점(ethnocentric perspective)이었기 때문이다. 그는 세계 모든 이방인들을 가슴에 안고 예수 그리스도의 우주적인 심장(global perspective)으로 하나님의 측량할 수 없는 소원을 이루었던 것이다. 바울 사도는 열방을 향한 하나님의 소원과 하나님이 지으신 온 열방을 그의 심장에 품은 하나님의 사람이었다. 그는 하나님이 지으신 온 땅을 복음으로 정복하여 다스린 진정한 의미에서 하나님 동산의 주인이었다. 바울을 움직인 그 정신이 바로 하나님 편에 서서 하나님께서 지으신 땅에 대한 오너쉽을 갖는 것이 아니겠는가?

　유대인의 가치관(Judaism)은 다른 민족의 가치관과 만날 때는 언제나 전쟁과 투쟁이 있었다. 그러나 그리스도의 가치관은 바울로 하여금 모든 이방 족속들을 하나님의 자녀로 삼고 싶어 하시는 하나님의 소원을 자기의 소원으로 삼고 열방을 가슴에 품고 생명을 바쳐 사랑으로 그들에게 달려가게 했다.

안타까운 것은 여호와 하나님과 예수 그리스도를 중심으로 하지 않고 이 유대이즘에 근거를 두고 가르치고 훈련하는 유대인 교육을 본받자고 하는 크리스천 리더들이 있다는 사실이다.

수많은 선진 성도들이 예수 그리스도의 가치관을 심장에 안고 헌신하여 땅 끝까지 달려간 것처럼 우리도 우리의 사명이 완수될 때까지 예수 그리스도의 우주적인 가치관을 심장에 품고 죽기까지 충성하며 땅 끝까지 달려가자. 하나님께서 우리에게 가꾸도록 주신 땅이 아닌가?

중요한 것은 그리스도의 심장으로 세계를 품에 안고 복음을 전한 사도 바울이 자기 나라와 민족과 친척과 형제자매를 등한히 한 것은 결코 아니라는 것이다. 로마서 9장에 그의 엄청난 고백이 드러나 있다.

"내가 그리스도 안에서 참말을 하고 거짓말을 아니 하노라 내게 큰 근심이 있는 것과 마음에 그치지 않는 고통이 있는 것을 내 양심이 성령 안에서 나로 더불어 증거하노니 나의 형제 곧 골육의 친척을 위하여 내 자신이 저주를 받아 그리스도에게서 끊어질지라도 원하는 바로라"(롬 9:1-3)

NIV 영어 성경에는 나의 형제 곧 골육의 친척을 "나의 형제를 위해서, 내 민족을 위해서, 이스라엘 백성을 위해서"라고 표현하고 있다. 예수 그리스도를 영접하지 않고 믿지 않는 이스라엘 민족과 백성에 대한 가슴 에이는 고통이 여기에 잘 표현되어 있다. 자신이 저주를 받고 그리스도에게서 끊어질지라도(죽음을 각오한 절규이다), 자기 민족이 그리스도로 말미암아 구원받기를 원하는 그 심정을 볼 수 있다.

이 사도 바울의 심정이 유대이즘(Judaism)에서 나왔겠는가? 그렇다고 생각되지 않는다. 그가 예수 그리스도를 만나기 전에는 유대이즘에 철저했던 사람이었다. 그러나 그가 다메섹 도상에서 예수 그리스도를 만나고서는 그는 완전히 변화되어 다른 사람이 되었다. 이 자기 동족을 향한 간절한 심정은 자기 민족을 예수 그리스도의 심장을 갖고 바라보면서 가진 마음이다. 하나님의 택하신 민족을 자기가 책임져야 한다는 주인으로서의 책임감 곧 오너쉽에서 비롯된 마음이다.

나는 미국이 세계 수많은 인종을 이민으로 받아들여 같이 살고, 또 그동안 가장 많은 선교사를 세계에 파송하면서 지금까지 세계 선교를 주도하는 가장 큰 이유는 아직도 이 나라에 그리스도의 심장을 가지고 세계를 그리스도 안에서 책임지고자 하는 청교도의 후예들, 곧 세계의 주인들이 여전히 많이 있기 때문이라고 믿는다.

우리 학생 자녀들을 리더로 훈련시키자

이러한 맥락(Context)에서 우리는 하나님 나라의 시민권을 가진 우리 자녀들을 하나님의 자녀로서의 확실한 아이덴티티를 가지고 하나님께서 우리에게 하나님 보시기에 좋도록 정복하여 다스리라고 주신 이 나라 미국을 오너쉽을 가지고 그리스도의 심장으로 가꾸며 다스려 갈 성령 충만하고 실력 있는 장래 미국 주류의 리더들로 훈련하기 위해서 지난 3년 전부터 전국청소년대학생 리더십 컨퍼런스(Leadership Conference)를 시작했다.

각 교회에서 추천한 수백 명의 학생리더들을 대상으로 매년 개최하는 이 컨퍼런스는 젊은이들을 뜨겁게 사랑해서 이 사역에 헌신하신 라스베가스 순복음교회 김종기 목사님과 JAMA 학생 리더십 사역(Student Leadership Ministry: 1.5세, 2세 목사님들)이 파트너십을 이루어 감당하고 있다.

2002년 여름 제3차 리더십 컴퍼런스는 동서부로 나누어서 개최했는데 약 600명의 학생 리더들과 그들을 지도하는 2세 목회자들과 교사들이 초청되었다. 4박 5일 동안 '열정'(Awaken your passion for Christ through prayer and repentance: 기도와 회개를 통하여 예수 그리스도를 향한 열정을 깨우자), '목적'(Realize God-given purpose: 하나님이 주신 목적, 즉 비전을 깨닫자), 그리고 '순결'(Be trained to live a life of purity: 순결한 삶을 살 수 있도록 훈련을 받자)을 주제로 23명의 스피커들이 각 교회에서 참여한 학생 리더들을

2세 청소년 목회자들과 함께 우리집 거실에서

집중적으로 훈련했다. 이 컨퍼런스를 이끌었던 우리 2세 목회지도자들은 이 컨퍼런스를 위해서 며칠 동안 같이 합숙하면서 '열정'과 '목적'과 '순결'의 내용을 텍스트(text)로 만들었다. 그들은 매일 그 텍스트를 중심으로 학생 리더십을 훈련했다. 그들이 돌아가 가정과 교회와 학교를 부흥시키고 미국의 주인으로서 지역사회 발전에 공헌하며 장래 미국의 주류에서 리더로서 영향력을 발휘할 수 있도록 우리는 후속관리(follow-up)를 통해 계속해서 격려하고 지원하고 있다.

이제 청소년 대학생 리더십 훈련은 동서남중부 지역으로 확산할

하나님의 소원을 이루기 위하여

것이다. 이 리더십 훈련을 통해서 하나님이 그렇게도 소원하시는 미국을 부흥시키고 세계를 변화시키는 수많은 장래 리더들을 앞으로 수십년 동안 계속 훈련할 것이다. 전국적으로 많은 청소년 대학생 지도 목회자들과 전도사들, 그리고 교사들이(대부분 1.5세, 2세 전문인들로 의사, 변호사, 엔지니어, 교사, 교수 등) 네트워킹(networking) 하면서 이 일에 헌신하고 있다. 나는 이 세력이 미국의 영적 각성과 부흥에 지도적인 영향력을 미칠 것으로 믿는다. 학생 리더십 사역의 리더들은 2004년부터는 이 일을 미국에서만이 아니라 전 세계에 흩어져 있는 우리 교포 자녀들을 위해서도 확대할 계획을 가지고 기도하고 있다.

YWAM(예수전도단)의 디렉터이고 리더의 한 사람인 존 도선(John Dawson, '99년 JAMA 2차 대회 스피커)이 사도행전 2장 17절을 인용하면서 "앞으로 올 영적 부흥을 위해서 성령님이 그 리더십을 누구에게 기름 부어 주실지 깜짝 놀랄만한 일이 있을진대 내가 믿기로는 코리언과 흑인과 아메리칸 인디언이다."라고 말했다. 그리고 그 각성부흥운동은 청소년들에 의해서 대대적으로 일어날 것이라고 예언했다(Taking Our Cities for God, p. 66). 나는 이 예언이 이루어질 것을 믿음의 눈으로 보고 있다. 그 날을 생각하면 가슴이 뛰고 피가 솟는다.

하나님께서 비밀로 감추어 두셨던 이 새로운 역사의 흐름을 우리에게 소원으로 보여주시고 이 역사의 흐름을 이루시기 위해서 이미 우리를 사용하고 계심이 분명하다. 따라서 우리는 하나님의 역사를 믿음의 눈으로 내다보면서 우리 자녀들에게 그리스도의 심장을 심어주면서 이 나라와 세계를 품에 안고 주님의 소원을 성취할 수많은 젊은 리더들을 훈련시켜야 할 것이다.

수많은 요셉, 다니엘, 에스더, 사도 바울과 요한 웨슬레, 조나단 에드워드, 조지 휫필드, 에레미야 랜피어, 디 엘 무디, 마르틴 루터, 존 칼빈, 윌리암 케리, 언더우드, 리빙스턴, 마틴 로이드 존스, 빌리 그래함, 빌 브라이트, 존 파이퍼, 아브라함 링컨, 조지 워싱턴, 로렌 커닝햄 등과 같은 인물들을 훈련시키고 세워야 한다. 미국과 세계의 정치, 경제, 문화, 사회, 종교, 과학, 기술, 예술, 통신 등 모든 분야의 주류에 큰 영향력을 주어 미국과 세계를 변화시킬 성령 충만하고 실력 있는 변화의 사신(transforming ambassadors)들을 중·고등학생 때부터 전략적으로, 의도적으로, 특별한 목적으로 훈련시켜야 한다. 하나님께서 이 소원을 우리에게 갖게 하셨으며 이 소원을 이루는 일을 이미 우리를 통해서 시작하셨다.

이것은 그리스도의 심장을 품은 하나님의 자녀들, 그리고 하나님께서 지으시고 우리에게 주신 땅을 하나님 보시기에 좋도록 가꾸고 다스릴 열망과 책임을 갖는 하나님 동산의 주인들만이 할 수 있는 혁명적인 임무(task)이다. 미국 교포 교회와 부모들뿐만이 아니라 전 세계 교포 교회와 부모들이 현재 살고 있는 각 나라를 위해서, 세계를 위해서 이제는 일어나 이 일에 동참하자.

"이 큰 사명을 비밀로 숨겨 두셨다가 마지막 때에 우리 교포 크리스천들에게 하나님의 소원으로 나타내 보이시고 사명으로 허락하셨으니 우리 주 예수 그리스도께 감사와 찬송과 영광과 존귀를 돌리나이다. 아멘."

젊은 대학·대학원생, 전문인을 향한 하나님의 소원

하나님께서 로마서 12장 1절 "그러므로 형제들아 내가 하나님의 모든 자비하심으로 너희를 권하노니 너희 몸을 하나님이 기뻐하시는 거룩한 산 제사로 드리라 이는 너희의 드릴 영적 예배니라" 말씀을 내게 주시면서 내 몸을 하나님이 기뻐하시는 거룩한 산 제물로 바치라고 명령하셨다.

그때 하나님께서 젊은이들을 얼마나 사랑하며 또 그들을 향한 소원이 얼마나 간절한 지를 깨닫게 하시면서 내가 그리스도의 심장으로 젊은이들을 사랑하며 내 인생 전체를 그들을 위해서 바치기를 원하시는 나에 대한 하나님의 소원을 보여주셨다. 나는 그 소원을 내 심장에 넣은 이후 오늘 이 시간까지 젊은이들을 위해서 어떤 희생이 요구된다 해도 그 희생을 감수할 수 있는 믿음과 능력을 주시기를 기도하면서 그들을 미치도록 사랑하고 좋아하며 그들을 위한 사명을 주신 것을 늘 하나님께 감사하면서 그 사명을 이루어 나가도록 최선을 다해 노력하고 있다.

정확하진 않지만 현재 18세 대학생에서 40대까지 영어권 1.5세, 2세의 코리언 아메리칸(Korean-American) 숫자가 50만 명 정도가 될 것으로 짐작된다. 몇 년 전에 코리언 아메리칸 영어권 대학생들이 20만 명이라는 비공식 통계를 들었는데 현재 대학과 대학원을 졸업한 전문인들이 대학생들보다 훨씬 많은 것을 생각하면 그렇게 짐작이 간다. 하나님께서 나에게 이런 엄청난 인력 자원이 무엇을 위해서 어떻게 사용되기를 원하시는지 그것을 보여주셨다. 그들이 회개하고 변화되어 훈련을 받고 비전을 받아 그 비전에 오너쉽을 갖고 헌신한다면 이들을 통해서 이 땅과 세계에 얼마나 엄청난 영향이 주어질 것인지 그것을 보여주셨다.

미국 대학교가 아무리 타락했다고 해도 그 중에는 아직도 많은 크리스천 대학생들이 몸부림을 치면서 예수 그리스도를 중심으로 한 삶(Christ-centered life)을 살려고 노력하고 있다. 특히 우리 KAC(Korean American Christian) 자녀들 중에 그런 대학생들이 많다. 감사할 일이다. 그러나 더 적극적으로 그 대학생들이 어렸을 때부터 가정과 교회에서 신앙과 인격교육을 철저하게 받고 비전을 받아서 자신을 그리스도께 헌신하며 사명감을 가지고 대학에 입학하도록 해야 한다. 그리고 그들은 캠퍼스에서 크리스천 친구들을 만나 함께 공부하면서 기도하고 성경말씀을 배움으로 자신들의 신앙을 돈독히 키워갈 뿐 아니라 그들이 더 큰 영향력을 발휘할 수 있도록 그들의 리더십을 훈련하는 일에 우리는 크게 투자를 해야겠다.

실제로 여러 대학교에서 이 사역들이 선교 단체와 지역 교회들을 통해서 이루어지고 있다. 감사한 것은 전국의 많은 캠퍼스에서 우리 코리언 아메리칸들이 중심이 되어 아시안계 미국 학생들(Chinese-American, Japanese-American, Vietnamese-American, Pilipino-American 등)을 리드하고 있다. 심지어는 백인과 흑인 학생들까지도 우리 학생들이 리드하는 찬양과 경배와 말씀의 시간에 같이 참여해서 도전 받고 있다.

전국적으로 대학가 주변에는 일찍 이 사역에 사명을 받은 분들에 의해 대학교회들이 많이 세워졌으며 벌써 1.5세, 2세 목회자들이 그 사역에 헌신해서 그들을 양육하며 훈련하는 곳도 여러 군데 있다. 또 한인 1세 교회들도 교회 안에 대학생들을 위한 미니스트리를 두고 1.5세나 2세 목회자로 하여금 그 사역을 담당하게도 하고, 혹은 대학 캠퍼스 사역을 맡게도 한다. 대학 캠퍼스 안에서는 선교단체들이 큰 몫을 담당하고 있다.

그동안 나는 전국에 있는 수백 개의 대학과 여러 지역, 그리고 전국적인 대학생 집회에서 말씀을 전할 수 있는 기회가 많이 있었다. 나는 이러한 기회들을 통해서 1.5세, 2세 목회자들을 많이 만났으며, 대학생들과 젊은 영어권 전문인들도 수십만 명을 만났다. 나는 일선에서 수고하는 사역자들과 또 타락한 캠퍼스에서 그리스도와 동행하며 승리의 삶을 살려고 애쓰는 우리 대학생·대학원생들을 만나면서 많은 격려도 받고 큰 소망을 갖게 되었다.

이들은 엄청난 자원들이다. 그러나 문제가 있다. 최근 보고에 의하면 이들이 대학을 졸업하고 직장과 사업터와 전문직에 들어가면 십분의 일만이 교회에 계속 출석한다고 한다. 2002년 6월 1일 자 크리스천신문에 발표된 자료에 의하면 한인교회의 20~30대가 전체 교인수의 10%미만이다(하나 크리스천 센터의 이용욱 목사 발표). 또 많은 1세 교회에서 영어권 대학생 미니스트리를 위해서 많은 투자를 하고 대학 캠퍼스를 중심으로 많은 사역이 활발하게 전개되고 있음에도 불구하고 왜 그 많은 젊은이들이 대학을 졸업하고 사회생활을 시작하면 교회를 떠나고 결국 하나님을 떠나게 되는가? 또 왜 한인 교회 영어 미니스트리에 참여하지 않고 다인종 교회(multi-ethnic church)나 또는 백인 교회에 참석하게 되는가?

나는 우리 자녀들이 꼭 한인 교회 영어예배에 참석해야 한다고 주장하고 싶지는 않다. 그러나 그들이 우리 부모들이 시작한 교회에 돌아와서 대학생 후배들의 롤 모델이 되고 또 자신들의 경험을 바탕으로 중·고·대학생 후배들을 가르치고 지도한다면 얼마나 아름다운 일이겠는가? 또 그들이 결혼해서 자녀를 낳았을 때 그 자녀들이 그 교회 안에서 할아버지 할머니, 그리고 어른 교인들로부터 사랑을 받으며 한국의 좋은 전통과 문화를 배우며 자랄 수 있다면 이 또한 얼마나 복된 일이겠는가?

롤 모델링(Role-Modeling)과 멘토링(Mentoring)의 관계로 바꾸라

우리 자녀들이 대학을 마치고 사회생활을 시작하면서 교회를 떠나는 데는 나름대로 여러 가지 이유가 있을 것이다. 왜 그럴까? 그 중에 중요하게 관찰되는 몇 가지를 나누고 싶다.

나는 대학과 대학원을 졸업하고 사회에 진출한 선배 중에서 우리 대학생들을 위한 롤 모델(role-model)과 멘토(mentor)가 너무나 부족하다는 점을 지적하고 싶다. 목회자들이 우리 자녀들을 위해서 영적이고 인격적인 지도는 할 수 있을 것이다. 그러나 직업 현장

(market place)에서의 그리스도의 삶을 보여주는 롤 모델이 되기는 어렵다. 왜냐하면 우리 자녀들이 대학을 졸업하면 목회자가 되는 것이 아니라 절대적인 숫자가 자기 전공 분야에 따라 사회에 진출하기 때문이다. 따라서 이들 학생들을 위한 롤 모델과 멘토가 목회자가 아닌 크리스천 전문인(Christian professionals) 선배 중에서 나와야 하는데 현실적으로 거의 없다는 것이다.

이 사역은 이엠(EM, English Ministry: 대학을 졸업한 영어권의 젊은 전문인들을 중심으로 이루어진 미니스트리. 대학생들과 전문인들이 같이 모이는 경우도 있다. 그러나 미국 교포 사회의 큰 교회들은 일반적으로 대학생 미니스트리(College Ministry)와 이엠 미니스트리를 나누어서 사역한다)에 속한 성도들 중에서 사명자를 뽑아 훈련시켜 롤 모델링과 멘토링의 사역을 맡겨야 할 것이다.

우리 교포 교회에서 롤 모델링과 멘토링의 강한 훈련이 지금 일어나야 한다. 안타까운 것은 우리 교포 교회가 그 중요성을 알면서도 실천하지 못하고 있다는 것이다. 우리 1세 목회자들이 1.5세, 2세 젊은 목회자들과 한 교회 안에서 같이 사역을 하면서도 그들을 위해 특별한 시간을 내어 개인 대 개인(person-to-person)의 관계를 맺으며 삶을 중심으로(life-on-life) 롤 모델링과 멘토링을 하면서 그들과 동역자로서 총체적인 목회를 하기보다는 주로는 일방적으로 사역을 맡기고 일(task) 중심의 관계를 맺고 있는 실정이다. 아무튼 미국 교포 교회 1.5세, 2세 목회자들의 경우, 1세 목회자로부터 직접 롤 모델링과 멘토링을 받는 경우가 극히 드물다. 1.5세, 2세 목회자들도 이엠 회중에서 전문인 성도들을 뽑아서 그들로 롤 모델링이나 멘토링을 할 수 있도록 훈련하지 못하기 때문에 대학생들을 위한 롤 모델링과 멘토링이 없는 것은 극히 당연한 일이다.

이 악순환(vicious cycle)을 깨뜨리는 길은 먼저 1세 목회자들의 1.5세, 2세 목회자들과의 관계가 일 중심에서 삶 중심의 롤 모델링과 멘토링의 관계로 그 패러다임이 바뀌져야 한다(task 중심에서 relationship 중심으로). 특히 1.5세, 2세 목회자들은 전문가들의 세미나와 훈련을 통하여 롤 모델링과 멘토링을 배우고 실천할 수 있어야 한다. 그리고 각자 목회의 사명에 따라 어떠한 내용을 어떻게 적용해야 할 것인가를 결정한 후 이엠 교인들 중에서 멘토링 후보자를 택해서 그들을 체계적으로 훈련하여 그들을 통해서 롤 모델링과 멘토링이 영어목회 현장에서 실천된다면 악순환이 선순환(virtuous cycle: 생산적이고 효과적인 순환)으로 바뀔 것이다.

한인 교포 교회의 영어목회(초등, 중, 고등, 대학생, 성인)에 있어서 1.5세, 2세 목회자들의 위치는 회전문(revolving door)과 같다고 한다. 즉 영어권 목회자가 한 교회를 위해서 1~2년 정도 섬기다가 나가면 후임자가 오고, 또 다시 1~2년 정도 섬기다가 나가면 후임자가 오고… 이런 일이 계속 반복된다. 물론 모두가 다 그렇다는 것은 아니다. 나는 1세 목사님께 특별한 멘토링을 받으면서 그분을 롤 모델로 삼고 한 교회에서 10년 이상 섬기며 헌신한 결과 이엠을 크게 성장시키고 있는 귀한 1.5세, 2세 목회자들도 잘 알고 있다. 담임 목사님들이 1.5세, 2세 목사님들을 위해서 롤 모델링과 멘토링을 잘 하면 장차 같은 교회에서 자라서 성장한(home-grown) 멘토들과 롤 모델들이 많이 배출되어 그들의 오너쉽과 헌신을 통하여 교회는 더욱 튼튼히 성장하여 빛을 발하게 될 것이다.

여러 학생 선교단체들이 대학 캠퍼스에서 큰 영향력을 주면서 많은 사역자들과 선교사들을 전 세계에 배출한 것을 우리는 잘 알고 있다. 그러나 한편으로 나는 그들이 자기가 속한 선교단체를 위해서 학생들을 뽑아서 장차 스태프로 훈련시키는 일, 자신들의 제자 만드는 일, 자기가 속한 선교단체의 이벤트나 프로그램 등을 프로모션 하는데 많은 시간과 노력을 투자하는 것을 보아왔다.

학생들 개개인의 영적 성장뿐만이 아니라 그들을 철저하게 회개시키고 변화시켜서 그들 자신이 무엇을 위해서 어떻게 살아야 할 것인가를 두고 비전을 받도록 훈련하고, 또 그 비전을 어떻게 이룰 것인지 로드 맵핑(road-mapping)을 하는 등 실제적으로 가장 필요한 것들을 롤 모델링과 멘토링을 통해서 훈련하고 양육해야 할 텐데 (즉 대학생들로 하여금 하나님의 소원을 깨닫게 하고 그것을 사명으로 받게 하면서 신앙과 인격을 중심으로 그 사명을 이루기 위해서 필요한 것들을 총체적으로 훈련해야 한다고 믿는다) 그 부분에 대한 안목과 훈련이 극히 미약하다는 것이다. 선교단체들이 사역하고 있는 그 대학교의 변화(transforming)를 위해서 공동 작전을 펴서 대학생들을 변화의 사신(transforming ambassadors)과 영적인 전사(戰士)들로 훈련하고 키워야 대학교 변화에 큰 영향력을 발휘할 수 있지 않겠는가?

선교단체들의 스태프들이 그 단체의 특수한 사역만을 위해서 대학생들을 뽑아 훈련시킨다면 그 선교단체의 사역은 활발하게 될지 몰라도 대학 자체가 변화되기는 어려울 것이다. 교회와 사회와 나라와 세계를 위해서 쓰임 받을 리더들을 길러내야 하는 대학교가 변화되어야 하지 않겠는가? 선교와 특수 사역을 위해서 헌신 할 수 있는 학생을 뽑아 훈련하는 일이 얼마나 중요한지 그것을 절대로 간과하는 것은 아니다. 그러나 스태프들이 사역하고 있는 그 대학교의 변화보다는 선교단체의 목적을 위해서 시간과 노력과 재물을 최우선으로 사용한다면 그것은 이기적인 사역이라고 하겠다.

교회에서 파견되어 대학에서 활동하고 있는 사역자들에게도 똑같은 도전을 하고 싶다. 대학교 자체의 변화가 더 중요하다고 믿는다. 대학의 변화는 지역사회와 나라뿐 아니라 세계 모든 분야의 변화를 가져올 수 있기 때문이다. 나는 선교단체 사역자 훈련만을 위해서가 아니라 대학의 변화를 위해서도 노력과 투자의 균형을 맞추어야 한다고 믿는다. 31년 동안 대학교에서 교수하면서 목격한 현실이다.

학생들이 대학을 마치고 사회에 진출했을 때 어떻게 해야 신앙과 직업을 갈등 없이 잘 융화하면서 성령 충만하고 실력 있는 그리스도의 대사로서의 삶을 살 수 있는가에 대한 훈련이 1세 교회는 물론이고 1.5세, 2세들을 위한 이엠(EM)에도 결핍되어 있다. 왜냐하면 지금까지는 한인 교회뿐만 아니라 미국 교회에서도 '가정은 가정이고, 직업은 직업이며, 교회는 교회고, 사회는 사회다'는 식의 패러다임이 지배적이었기 때문이다. 삶에 대한 이러한 이원적인(혹은 다원적) 패러다임은 삶을 총체적으로 융화하지 않고 삶을 각각 구분해서 따로 따로 살게 함으로 엄청난 삶의 갈등과 비생산적인 결

과를 가져다 준다. 우리는 서로 충돌되고 마찰되는 다원적 삶을 살기 위해서 시간과 노력의 배정, 우선순위의 결정 등에 늘 갈등과 억압감에 눌려왔다.

이러한 갈등에서 오는 저생산성과 그 성과(fruits)의 부족이 기독교인들을 더욱 근심과 좌절감과 죄책감에 빠지게 한다. 그 결과 이혼율이 높아가고 자살율도 상승하고 있다. 심지어는 높은 직위에 있던 사람들이 모든 것을 포기하고 집 없는 사람들(homeless people)이 되는 경우도 우리는 자주 목격하고 있는 현실이다.

2002년 6월에 콜로라도에서 한국계 교수들의 컨퍼런스가 열렸다. 패널 디스커션에서 한 교수의 아내가(그분도 박사 학위를 가지고 있음) 아주 중요한 질문을 했다. "교수의 삶이 참 힘들고 갈등도 많은데 가정과 종신교수직(tenured professor) 중 하나를 선택해야 한다면 어느 것을 택해야 하는가?(family or tenure?) 어느 쪽이 더 중요한가?"라는 질문이었다.

나는 이 질문이 매우 중요한 이슈라고 생각한다. 나는 이 문제를 해결할 수 있는 패러다임을 소개하고 싶어서 나의 삶을 간단히 소개하면서 '어느 쪽이 중요하냐'고 결정하기 전에 하나님 편에서 그 해답을 구하자고 제안했다. 하나님께서 가정이 가장 중요하므로 가정을 제일 먼저 만드셨고 하나님의 우주적인 계획을 성취하기 위한 토대로서의 사명을 가정에 주셨다. 그 섭리 가운데 하나님의 소원을 이루기 위해서 에베소서 5장에 남편과 아내의 삶의 도리를 자세히 가르쳐 주고 있다.

　남편과 아내가 그리스도 안에서 하나가 되었다(Union in Christ). 따라서 이제는 하나가 된 부부인데 남편이 대학교의 종신교수(tenure)를 받고 승진하기 위해서 전심으로 노력할 때, 어찌 그것이 남편만의 일이겠는가? 또 아내는 집에서 가사를 돌보고 직장에서 일하면서 자녀들을 기르는데 그것이 어찌 아내만의 일이겠는가? 남편이 종신교수를 받을 수 있도록 아내가 남편을 최선을 다해 돕고, 사랑하는 아내가 가사와 직장 일을 잘 할 수 있도록 남편이 아내를 최선을 다해 돕는다면 양쪽의 우선순위(priority)를 서로 동역함으로 가장 효과적으로 성취할 뿐만 아니라 부부가 서로 도와서 함께 이룬 그 결과로 인해서 가정 안에 얼마나 큰 기쁨과 감사가 넘치겠는가? 부부가 모든 일에 있어서 동역을 해야 한다. 물론 사명과 일에 따라서 남편과 아내와 자녀들의 주연과 조연으로서의 역할이 각각 다르지만 주연 없는 조연이 있을 수 없고 조연 없는 주연이 있을 수 없다.

　교회의 사역도 마찬가지이다. 부부가 서로 다른 사역을 맡았다 해도 동역자로서 서로 의견을 나누고 기도하고 합력하고 협력하면 몇 배의 결과를 얻을 수 있다. 나는 그 날 우리 부부의 체험을 그 교수 부인에게 전해주었다.

　우리 부부는 가정의 우선순위, 교회 섬김에 있어서의 우선순위(priority), 교수로서의 우선순위, 아내 직장의 우선순위, 사회 활동의 우선순위를 같이 정한다. 누가 주연 역할과 조연 역할을 맡을 것인지 그 프라이어리티에 따라 정한다. 그리고 그 일을 이룰 수 있는 기간도 함께 정하고(시간의 충돌을 피함), 그 일을 이루는데 필요한 시간과 노력과 예산을 함께 정한다. 각자가 할 수 있는 부분과 서로의 도움이 필요한 부분을 나누어서 동역자로서 최선을 다해 나갈 때 기대 이상의 결과를 가져오는 것을 체험해 왔다.

아내와 나는 매년 초에 우리가 같이 혹은 각자 받은 비전을 중심으로 그 해 1년 동안 해야 할 중요한 프라이어리티를 정하고 서로 쉐어링한다. 그리고 그 프라이어리티를 이루기 위해서 서로 협력하고 합력하면서 매달, 그리고 매주 수행해야 할 태스크를 같이 정한다. 예를 들면 어느 달, 어느 주에 아내의 프라이어리티를 수행하는데 아내와 내가 구체적으로 무슨 역할을 해야하는지 정하고 그 일이 완수될 수 있도록 서로 최선을 다한다. 그 때는 아내가 주연을 하고 나는 조연을 하는 셈이다. 나의 프라이어리티도 똑같이 적용한다. 따라서 1년 동안의 열매는 두 배(1+1=2)가 아니고 몇 갑절의 엄청난 열매를 맺어왔다. 그리스도의 풍성한 삶이다.

일을 이루어 가는 과정에서 가장 중요한 것은 늘 말씀으로 확인하고 격려를 받는 일이다. 하나님께서 남편과 아내로 짝지어 주신 그 소원이 무엇인지를 늘 말씀 가운데 상기하면서 서로를 위해서 충심으로 축복하며 기도하고 최선을 다하면 부부의 삶에 풍성한 열매를 맺을 수 있을 뿐만 아니라 그 열매를 통해서 하나님께 큰 영광을 돌리게 될 것이다. 이제는 부부가 처해 있는 곳 그곳이 바로 하나님께서 맡기신 사역(ministry)장이라고 생각하고 서로 힘써 도우며 동역하는 부부 팀웍의 패러다임으로 바꾸어야 한다. 팀웍의 기본적인 원칙은 내 자신보다 팀 멤버를 더 성공시키고 영향력을 발휘하도록 하는 것이다.

우리가 하나님의 자녀이고 왕 같은 제사장, 그리스도의 대사라면 가정도 우리의 미니스트리요, 자녀들도 우리의 미니스트리요, 대학교도, 직장도, 그리고 사회도 다 우리의 미니스트리이다. 이 미니스트리를 감당하라고 보내신 하나님의 뜻을 부부가 사명으로 받고 함께 우선순위를 정하여 동역한다면 두 배의 결과가 아닌 몇 십 배의 결과도 얻을 수 있는 것을 우리 부부는 체험해 왔다.

하나님의 방법이 아닌 이 고정관념이 우리를 사로잡고 있다. 이 고정관념의 악순환(vicious cycle)을 버리자. 그리고 하나님의 편에서 총체적인 비전을 갖고 동역하면서 선순환(virtuous cycle)으로 바꾸자. 이것이 가정과 교회와 우리가 일하고 있는 직장과 사업터, 그리고 나아가 사회와 나라를 살리는 길이다.

이렇게 사는 젊은 부부 가정들이 수없이 훈련되고 세움을 받아 후배들의 롤 모델이 되고 그들을 위해서 구체적인 삶으로 멘토링할 수 있다면 우리는 머지않아 이 새 패러다임을 통하여 상상할 수 없는 엄청난 열매를 맺게 될 것이다.

따라서 캠퍼스에서, 그리고 교회에서 하나님의 소원을 깨닫게 하고 그 하나님의 소원을 자신의 사명으로 받도록 훈련하는 일은 인생을 좌우하는 가장 중요한 태스크(task)라고 믿는다. 이 젊은 대학생들과 전문인이 한 번 사는 인생을 무엇을 위해서 어떻게 살아야 할 것인가 하는 비전을 받고 그 비전을 성취할 수 있도록 로드 맵핑(road mapping)을 하는데 있어서 멘토링하는 것이 절실히 필요하다. 우리 이엠(EM)이 이 사명을 잘 감당해서 젊은 성도들을 훈련시켜 바로 세운다면 그들이 변화의 사신이 되어 가정과 직장과 사회와 국가와 세계, 그리고 교회의 부흥에 엄청난 영향을 주리라고 나는 확신한다.

그러므로 그리스도 대사로서의 리더십 훈련이 절실히 요구되고 있다. 영적 리더십뿐만 아니라 각 분야에서 영향력을 발휘할 수 있는 총체적인 리더십을 훈련해야 한다. 전략적이고도 구체적인 리더십 훈련을 지속적으로 철저하게 시켜서 그들을 그리스도의 대사로 만들어 삶의 현장(market place)으로 보내야 한다.

메시지를 열심히 듣고 있는 대학생, 전문인들

이 나라의 정치, 경제, 문화, 사회, 종교, 교육, 과학, 기술, 학문, 예술, 통신 등 모든 분야에서 성령 충만하고 실력 있는 우리 코리언 아메리칸 젊은 크리스천들이 미국 주류 속에서 큰 영향력을 발휘하며 그리스도의 대사로서 리더십을 가질 수 있도록 전략을 세워서 지속적으로 훈련해야 한다. 그렇게 하면 우리는 머지않아 이 나라의 주인으로 광대한 자원과 인력을 총동원하여 주님의 지상명령(마 28:19-20)을 성취하는데 지대한 영향력을 줄 수 있다고 믿는다.

그리고 이 수많은 코리언 아메리칸 크리스천 전문인들이 그리스도의 대사로서 미국에 사는 다른 인종 그리스도 대사들과 같이 손을 잡고 자비량으로 세계 방방곡곡에 파송되어 1년 내지 3년씩 풀타임 선교사로 봉사하면서(tentmakers), 현지 선교사를 도와 그 지역 주민들의 삶의 질을 향상시키며, 그리스도의 복음을 전한다면 세상에 어떤 일이 벌어지겠는가? 이것이 바로 하나님께서 우리 젊은 대학생들과 젊은 세대 크리스천 프로페셔널들을 향해 가지신 소원이요 뜻이라고 나는 분명히 믿는다. 하나님께서 이것을 나에게 보여주시고 사명으로 받게 하셨다.

신앙과 직업을 융화하라

나는 신앙과 비전이 가정과 교회와 직업을 하나로 융화하는데 없어서는 안 될 중요한 요소가 되는 것을 체험해 왔다. 우리가 하나님의 자녀들이라면 교회를 통한 우리의 신앙생활과 이 땅에서 우리의 삶을 영위하게 하는 직업(사업)을 절대로 분리할 수 없다. 그러나 실제로는 수많은 크리스천들이 교회 안에서의 삶과 교회 밖에서의 삶을 구별해서 살고 있다. 우리가 가진 직업(사업)이 세상에 속해 있기 때문에 교회의 생활과는 별개라는 것이다. 많은 대학생, 청년들, 그리고 전문인들에게서 나는 이런 고민을 수없이 들어왔고 또 질문도 많이 받아왔다.

신앙과 직업은 그리스도 안에서 분리될 수 없다. 그렇게 되는 것이 그리스도인의 당연한 삶이다. 대부분의 크리스천들은 교회에서 예배할 때와 교회의 프로그램에 따라서 활동할 때만 신앙생활이고 교회를 떠나서는 그 신앙이 직장생활이나 살고 있는 지역사회 생활과는 전혀 관계가 없다고 생각하면서 이중적인 삶을 산다(Christian Dualism).

생각해보자. 우리가 사실 교회 안에서 신앙생활 하는 것은 극히 쉬운 일이다. 그리스도를 중심으로 사는 진정한 신앙생활은 사실은 교회 밖, 즉 가정과 직장과 사업터와 지역사회와 나라와 세계 속에서 빛과 소금으로 이루어져야 한다. 그리스도인의 삶은 매일매일 모든 영역이 영적 전투이다. 우리가 매일매일 우리의 모든 삶의 영역에서 갖는 영적 전투에서 그리스도의 이름으로 승리할 때 하나님께 영광을 돌릴 수 있다. 우리는 승리의 삶을 세상 속에서 구체적으로 보여주어야 한다.

얼마 전 미국의 통계에 의하면 중생(born again)을 체험한 그리스도인 중에서 78%가 인격적으로 예수 그리스도께 헌신했다고 한다. 그러나 그들 중 10% 정도만이 정말 성도로서 구별된(distinguished) 영향력 있는 삶을 사는 것으로 나타났다. 즉 1,000명의 중생한 크리스천 중 78명 정도만이 그리스도의 대사로서 구별되고 영향력 있는 성도(Distinguished Christian)의 삶을 살고 있다는 얘기이다.

그렇다면 우리 코리언 아메리칸 크리스천들은 과연 어떤 위치에 있을까. 예수 그리스도로 중생하고 또 그에게 헌신했다고 하지만 세상 속에서 빛과 소금의 역할을 하는 영향력 있는 한인 크리스천이 과연 몇 퍼센트나 될까? 우리 그리스도인 각자가, 그리고 교회가 꼭 각성해야 할 일이다.

나도 교회를 열심히 섬기며 신앙생활을 잘 했다고 자부했지만 교회에서의 신앙생활과 현실 직업생활(소위 worldly profession)을 완전히 분리해서 생각하고 또 그렇게 살았기 때문에 성령님께서 내 안에서 역사할 수 없는 패잔병의 삶을 오랫동안 살았다는 것을 뼈저리게 고백한다.

내가 1977년 하나님의 전적인 긍휼과 은혜 가운데 변화된 후 몇 군데에서 간증을 했더니 나를 잘 아는 목회자들께서 나에게 이제 교수직을 그만 두고 신학을 공부해서 목사가 되라고 권했다. 내가 목사가 되면 성공적인 목회를 할 수 있을 것이라고 격려도 하면서…. 특히 내가 존경하는 몇 분 목사님들께서도 그렇게 권면하셔서 나는 하나님의 뜻을 알기 위해서 그 일을 놓고 계속 생각하면서 기도했다.

10년 동안 기도해도 하나님의 분명한 부르심이 없었다. 한편으로는 나 자신도 교수직을 그만 두고 목사가 되어 큰 교회를 담임하면서 큰 부흥사가 되고 싶은 마음도 있었다. '언어 장벽도 별로 없고, 실력을 인정받는 박사요 교수인 내가 뭐 못할 것이 있겠는가?' 라는 불순한 마음과 동기도 가졌다. 그러나 여전히 부르심이 없었다. 1986년부터 많은 대학교와 컨퍼런스에서 큰 기쁨을 갖고 젊은 대학생들에게 간증과 메시지를 전하는 데도 여전히 하나님의 부르심은 없었다.

1989년 여름, 동부에서 David Ross(오대원) 목사님과 같이 대학생 집회를 인도하는 기간 중에 나는 이 문제를 로스 목사님께 여쭈었다. 내가 10년 동안 기도해도 하나님의 부르심이 없다고 했더니 로스 목사님께서 반색하시며 "김 교수님이 신학을 하고 목사가 된다면 나는 통곡하겠습니다."라고 말씀하셨다. "목사님, 내가 목사가 될 자격이 그렇게 없습니까?"라고 물었더니 로스 목사님께서 이렇게 말씀하시는 것이었다.

"김 교수님, 미 전국 코리언 아메리칸 1.5세, 2세 대학 졸업생 중에서 신학교에 가는 숫자가 몇 퍼센트나 됩니까? 대학을 졸업한 후 90% 이상은 다 대학원이나 자기 전공 분야에 따라 전문 직업을 갖고 사회에 진출하지 않습니까? 1세 중에 그들을 위한 롤 모델이 꼭 있어야 하는데 당신이 바로 그 롤 모델입니다. 실력 있는 교수에다 복음 사역자로서 전국을 다니며 젊은이들에게 '직업을 통하여 어떻게 하나님께 영광을 돌릴 수 있는가'를 구체적인 삶의 모범으로 보여주고 있는데, 김 교수님까지 목사가 되면 누가 이 수많은 젊은이들에게 롤 모델의 삶을 보여준다는 말이오? 목회자는 신학생이나 전도사나 다른 목회자들의 롤 모델은 될 수 있어도 수많은 전문직업과 사업터에서는 롤 모델이 될 수 없지 않습니까? 김 교수님이 10년 동안 기도해도 하나님께서 응답하지 않는 이유가 바로 이 때문이라고 믿습니다."

나는 로스 목사님의 말씀에 크게 도전을 받았다. 내가 10년 동안 가졌던 의문이 그 자리에서 풀렸다. 나는 목회자로의 부르심에 대한 기도를 중단하고 나의 전체 삶을 통해서 이루시고자 하시는 하나님의 뜻 곧 비전의 성취를 위해서 더욱 헌신하기로 하나님께 서원했다.

나의 동역자 중에 존(Jon)과 린다(Linda) 박 집사 부부가 있다. 이 부부는 실리콘 밸리 하이테크 분야의 전문가들로서 열심히 교회를 섬기는 멋진 크리스천들이다. 나는 나의 귀한 동역자인 존의 아내 린다를 젊은이들의 좋은 롤 모델로 소개하고 싶다.

린다는 얼마 전까지 실리콘 밸리에 있는 세계적인 회사 선 마이크로시스템(Sun Microsystem)의 중역으로 엔지니어링 테크놀로지 디파트(Engineering Technology Dept.)의 책임자로 일했다. 그녀가 그 회사의 구매 디파트(Purchasing Dept.) 책임자로 있을 때는 상관의 인준을 받지 않고 자기 결정에 따라 전 세계로부터 매년 십억 불($1 billion) 어치의 필요한 물품(materials)들을 사들이는 일을 책임 맡았었다. 그러니 그녀의 위치가 얼마나 대단했겠는가 짐작이 갈 것이다. 북미는 물론이고 아시아와 유럽의 많은 나라들을 구매차 방문할 때면 그녀는 여왕 대접을 받을 정도였다.

린다는 그 위치에서 회사 사장과 중역들의 기대에 어긋나지 않고 그들에게 잘 보이려고, 여기에 대단한 관심을 두고 최선을 다했다.

자기 일을 너무 잘 하려고 염려하다보니 그 때문에 입맛을 잃고 밥도 제대로 못 먹게 되어 체중까지 줄었다고 한다. 그때 린다는 하나님께 기도했다. 그랬더니 하나님께서 이런 응답을 주셨다.

"네가 직장에서 윗사람들에게 잘 보이려고 그들의 눈치를 보고 그들의 기대를 좇아서 네 일의 실적을 올린다면 그 실적이 아무리 높아도 그 스코어는 나와는 아무 관계가 없다. 네가 가장 중요하게 포커스 해야 할 것은 '내가 너에게 줄 스코어 카드(Score Card: 성적표)'이다. 네 위의 중역들이 줄 스코어 카드를 염려하지 말고 내가 너의 삶의 실적에 어떤 점수를 줄 것인가에 대해서 염려하면서 내 소원을 이루는 일에 최선을 다해라. 너는 내 것이다. 내가 나머지는 다 책임져주마."

린다는 이 말씀에 큰 위로와 격려를 받았고 한편으로 도전을 받았다. 그녀는 즉시 마음을 정하고 자기 실적의 모든 기준을 하나님께 두고 모든 일에 대한 근심 걱정을 벗어버리고 최선을 다하기 시작했다. 그 결과 밥 입맛도 훨씬 더 좋아지고 회사를 위한 그녀의 업적은 더욱 두드러지게 뛰어나게 되었다.

2000년 봄, 린다는 DELL(Austin, Texas) 컴퓨터 회사로부터 오퍼레이션(operation) 부사장으로 오라는 초청을 받았다. 여성이 큰 회사의 중역이 되는 예는 한국계 미국 여성뿐만 아니라 미국 백인 전체를 보아도 대단히 드문 일이다. 아홉 살에 부모를 따라 미국에 이민 온 코리언 아메리칸 1.5세가, 더구나 여자로서 대 컴퓨터 회사의 부사장으로 100억 달러($10 billion)의 오퍼레이션 책임자가 된다면, 이것은 미 전국에서 화제가 될 만한 일이었다. 그녀의 성공담이 책으로 발간된다면 미국에서 베스트셀러가 될 수도 있는 절호의 기회가 될 수도 있을 것이다.

　린다는 그 엄청난 오퍼를 받고 하나님께 기도하며 물어보았다. 하나님께서 그녀에게 이미 실리콘 밸리를 위해서 보여주신 큰 비전을 생각나게 했다. 결국 그녀는 델 회사 사장에게 오퍼를 받을 수 없다는 자신의 뜻을 정중하게 전했다. 사장은 도저히 이해할 수 없다고 하면서 할 수 없이 그녀의 결정을 받아들였다. 그 뒤 몇 달이 못 되어 선 마이크로시스템에서 린다를 계속 승진시키면서 결국 이티 디파트(ET: Engineering Technology Department)의 책임자로 임명했다.

JAMA-GLF 영어권 젊은 프로페셔널(professionals) 지도자들과 함께, 오른쪽 앞줄 두 번째가 린다 자매

하나님은 이렇게 신실한 린다 집사에게 복을 주셔서 그녀는 최근에 실리콘 밸리에 있는 세계적인 컴퓨터 회사 시스코 컴퍼니(Cisco Company)의 부사장으로 취임해 가는 영광을 얻게 되었다. 엄청난 승진이다. 린다는 이 일을 통해서 하나님께서 자신으로 하여금 실리콘 밸리의 비전을 이룩할 수 있도록 인도하시는 것을 체험할 수 있었다.

나는 린다와 함께 캐나다, 오하이오, 뉴저지, 애틀랜타, LA, 하와이 등 많은 지역에서 젊은이들을 위해 같이 메시지를 전하며 JAMA 사역을 해 왔는데 린다가 젊은이들에게 미치는 영향은 참으로 대단하다.

이 시대에 린다와 같은 성도, 그러한 엄마, 그러한 가정주부, 그러한 회사 중역, 그러한 그리스도의 대사들이 수없이 나와서 세상을 변화시킬 수 있기를 소망한다.

"주여, 기라성 같은 수많은 주님의 젊은이들을 뽑으셔서 비전으로 훈련시켜 나라와 세계를 변화시키는 그리스도의 대사들로 세워 주옵소서! 아멘."

제2부

소원

제2부 소원

모든 족속을 위해서 한민족을 향해 가지신 하나님의 소원

"그러므로 너희는 가서 모든 족속으로 제자를 삼아 아버지와 아들과 성령의 이름으로 세례를 주고 내가 너희에게 분부한 모든 것을 가르쳐 지키게 하라 볼지어다 내가 세상 끝날까지 너희와 항상 함께 있으리라 하시니라"(마 28:19-20)

하나님의 자녀들인 우리가 그리스도께서 분부하신 지상명령을 성취하는 것이 하나님께서 우리를 향해 가지신 소원인 것을 우리는 잘 알고 있고 또 그렇게 믿고 있다. 모든 족속을 사망의 죄에서 구원하시기 위해서 독생자 아들을 십자가에 못 박고 모든 피를 다 흘려 죽게 하시면서까지 이루고 싶으신 하나님의 소원이다. 사도 바울은 이 사실을 이렇게 표현하고 있다. "우리가 아직 죄인 되었을 때에 그리스도께서 우리를 위하여 죽으심으로 하나님께서 우리에게 대한 자기의 사랑을 확증하셨느니라"(롬 5:8)

이 하나님의 소원을 이루기 위해서 그동안 한국 교회들과 선교단체들, 그리고 해외에 있는 많은 교포 교회들이 선교 사명을 받고 헌신한 수많은 선교사를 훈련시켜서 그들을 전 세계 도처에 파송해 왔다. 이제 한국은 미국 다음으로 세계에서 선교사를 가장 많이 파송한 나라가 되었다. 이것은 우리 코리언 크리스천에 대한 하나님의 특별한 은혜요 섭리이다. 하나님의 섭리 속에서 우리 코리언 크리스천들을 통해 마지막 세계 복음화를 위해서 준비하고 있다고 믿는다.

세계 부흥의 역사를 보면 영적 각성과 부흥을 통해서 이루어진 열매는 반드시 주님의 지상명령 성취를 위한 헌신이었다. 미국에서도 영적 부흥 운동(세 번의 대각성 운동과 그 외 많은 지역적 부흥 운동)이 전국적인 규모로 일어날 때마다 그 결과는 항상 세계 선교로 집중되었다.

하나님께서 마지막 때에 주님의 지상명령 성취를 위해서 우리 한인 크리스천들을 향해 가지시는 하나님의 소원을 먼저 나에게, 그리고 많은 동역자들에게 총체적이면서도 구체적으로 보여주셨다.

'달리는 말에 채찍질하라' 는 속담이 있듯이 하나님께서 지금 한국과 미국, 그리고 세계 교포 교회와 선교단체들이 하고 있는 세계 선교를 총체적인 면에서 서로 강하게 협력할 수 있는 그런 비전과 전략을 구체적으로 보여주셨으며 우리는 이미 이 비전을 이루어 가기 시작했다.

내가 국제 경영 과목들을 가르칠 때나 국제 경영에 관한 여러 세미나를 인도할 때면 항상 서론에서 다음과 같은 세계화(Globalization)를 급속히 촉진시키고 있는 여러 세력(force) 중에서 가장 중요한 역할을 하는 7가지 세력(The Seven Great Forces)을 소개한다.

세계화를 촉진시키는 7가지 세력

첫째, 자유시장경제(Free Market Economy) 실행을 통한 세계화이다. 세계 모든 국가들 중에서 극소수 몇 개 국을 제외한 모든 국가들이(특히 발전도상의 국가들과 10~40창(window)에 속한 나라를 포함한 후진국가들) 시장경제 실행을 통한 자국들의 개발을 위해서 모두 문호를 개방했다. 자유시장경제의 모델이 각국에서 적용될 때 그 나라의 특수 사정에 따라 여러 가지 형태를 보이고 있으나 세계 수많은 나라들이 시장경제를 계획하고 시행할 수 있는 전문가들을 적극적으로 유치하며 환영하고 있다.

자유시장경제의 궁극적인 목적은 그 나라 국민의 삶 전체의 질을 향상시키는(The enhancement of the total quality of life) 일(필자의 정의)이기 때문에 경제, 경영전문가 뿐만 아니라 문화, 종교, 환경, 교육, 의료, 후생, 교통, 과학, 통신, 기술, 법 등 모든 분야의 전문가가 다 필요하다.

둘째, 교육과 문화의 교류(The Exchange of Education and Culture)를 통한 세계화이다.

전 세계는 국가간의 교육과 문화의 교류를 통하여 각 나라의 역사, 풍습, 전통, 문화, 언어, 사회, 경제, 정치, 환경, 그리고 인간 행위가 더욱 잘 알려지고 상호 이해되고 있으며 이러한 경향은 날로 증가되어 가고 있다. 대학교와 대학교간의 자매결연, 연구원과 연구원의 교류와 공동 연구, 도시와 도시간의 자매관계, 세계적인 문화재

단과 교육재단을 통한 학자들의 교류와 공동 연구, 스포츠 교류, 날로 늘어나는 유학생, 세계 올림픽, 수없이 많은 국제 학자 회의, 문화 친선 사절단 교류, 미국의 평화 봉사단 등 다 기록할 수 없을 만큼 많은 교류가 진행되고 있다.

미국의 경우 2001년 10월 통계에 의하면 전 세계 200개 국 이상에서 온 유학생들과 교환교수들과, 그리고 영어 연수 유학생들의 수가 총 80만 명이나 된다. 매년 20만 명의 유학생들이 미국에 들어오고 있다. 이에 못지않게 수많은 미국 학생들이 6개월 내지는 1년 동안 다른 나라에 가서 공부하고 돌아온다. 내 학생들 중에서도 금년에 세 명이 다른 나라에 가서 1년 동안 공부하기 위해서 떠났다. 나라와 나라 사이의 상호 우호 증진을 위해 교육과 문화의 교류가 지대한 영향을 미치는 것이 사실이다. 세계화를 촉진시키는 과정에서 모든 분야의 전문인들과 학자들과 리더들이 다 필요하다.

셋째, 과학과 기술(Science and Technology)을 통한 세계화이다.

설명할 필요도 없이 과학과 기술의 급속한 발전을 통해 전 세계는 지구촌 한 마을(global village)이 되어가고 있다. 인터넷, 사이버 스페이스, 이-메일, 인포메이션 하이웨이, 텔레커뮤니케이션(한국이 세계에서 가장 많이 사용하는 나라로 발표되었다) 등을 통하여 세계화는 더 급속하게 진행되고 있다. 끊임없이 지속적으로 개발되는 이 과학과 기술 분야는 엄청난 숫자의 학자들과 전문인들을 배출하고 있으며 세계화 과정에서 이들의 영향력은 대단하다.

넷째, 국제통상과 투자(Global Trade and Investment)를 통한 세계화이다.

제품과 서비스의 국제 무역은 점점 국가와 국가간의 국경이 없이 (물론 관세와 비관세의 영향이 있지만) 천문학적인 분량과 벨류(value)로 교류되고 있으며 국가간의 투자 액수도 엄청나게 크다. 미국만 하더라도 2001년 전 세계에 수출한 제품과 서비스 가치가 998빌리언 달러($998 billion)이며 (세계 수출 1위) 미국이 수입한 액수가 1,356빌리언 달러($1,356 billion)이다. 특히 다국적 회사(Multi-National Corporation, MNC)들의 공동 투자와 합작(joint venture), 전략적 동맹(strategic alliance), 프렌차이징(Franchising)과 라이센싱(Licensing) 등 여러 엔트리 스트레티지(Entry Strategy) 방법이 사용됨으로 인해 세계화는 급속하게 촉진되어 갈 뿐 아니라 세계 시장이 점점 커져 엄청나게 많은 기회가 열리고 있다.

이 기회를 포착해서 세계 시장에 진출하려고 경쟁을 하기도 하지만 상호 협력과 합작을 통해서, 그리고 자유 무역 조약(Free Trade Agreement) 등을 체결하고 경제 블럭을 형성하면서(NAFTA, EU, APEC 등) 계속 세계화를 촉진해 가고 있다. 이 세력(force)은 세계화 과정에 엄청난 영향을 주고 있다.

다섯째, 세계통상기구(The World Trade Organization: WTO)이다.

1995년에 세계 자유 무역을 실현하고자 하는 새로운 제도(Regime)가 탄생했다. GATT(General Agreement of Trade and Tariffs)가 우루과이 라운드(Uruguay Round)를 통해서 성공적으로 협정한 결과 113개 국이 승인함으로써 WTO가 상업국제연합(United Nations of Commerce)으로 창설되었다. 시행하는 과정에 여러 가지 시행착오와 장애물이 있으나 결국 WTO는 세계화에 큰 촉진제이며 전 세계 자유 무역을 이루는데 큰 영향을 끼칠 것이다.

여섯째, 환경보호(Environmental Protection and Conservation)이다. 공기 오염이나 수질 오염은 국경이 없다. 경제개발을 추진하는 세계 대도시들은 점점 더 심각한 공기 오염에 시달리게 되었고 세계의 바다와 강들까지도 점점 빠른 속도로 엄청나게 오염되어 가고 있다. 한국의 경우를 보더라도 중국의 청진, 대련에서부터 관동에 이르는 중국 동부지역의 산업화로 인해서 서해안의 수질이 심각하게 오염되고 있으며 그 공장들에서 배출되는 이산화탄소와 질소가 한반도로 날아와 이미 한국의 삶에 심각한 피해가 되고 있다. 비(Acid Rain)가 내리면 공기 중에 있는 오염 물질들이 그대로 농작물에 붙는다. 우리가 그 농작물을 먹게 되면 그것들이 우리 몸에 암을 일으키는 원인으로 작용할 것이니 심각한 이슈가 아닐 수 없다. 한국 정부가 솔선해서 중국과 협력하여(공기와 바다 오염을 완화시킬 수 있는 공동 연구와 투자) 빨리 이 문제를 해결하지 않는다면, 나중에 치러야 할 대가는 인명 피해까지 포함해서 엄청나게 클 것이다. 나는 한국을 방문할 때마다 한국 정부와 학계 지도자들, 그리고 앵커리지와 자매결연을 맺었던 인천시 지도자들에게 이 문제의 심각성을 15년 전부터 누누이 경고해 왔다.

아마존 지역의 환경보호, 알라스카의 환경보호, 북극과 남극의 환경보호, 세계 많은 지역의 환경 보존과 보호, 그리고 공기와 수질 오염 해결은 세계 기상과 기류와 온도뿐 아니라 인간의 생명과 모든 생물의 생태계에 직접적인 영향을 주기 때문에 국가간, 그리고 지역적인 공동 협력과 연구와 나아가서 세계적인 협력 정책이 절실히 필요하다.

환경보호를 위한 국제 협력이 이미 추진되고 있지만(Kyoto Treaty) 이 분야는 앞으로 계속해서 과학자들과 각국 정책 수립 지도자들의 치밀한 협력이 필요할 것이다. 환경 보존과 보호는 인명과 직접적으로 관계가 있으므로 인명보호와 안전을 위해서 국가간의 협력은 세계화를 촉진하는 중요한 요소라 하겠다. 많은 실력 있는 전문인들과 학자들이 배출되어야 한다.

마지막으로, 자유와 민주(Freedom and Democracy)를 통한 세계화이다.

자유와 민주는 대단한 힘을 가지고 있다. 왜냐하면 모든 사람이 근본적으로 자유와 민주를 소원하고 있기 때문이다. 그렇게도 막강했던 소련도 자유의 힘으로 결국 붕괴되고 말았다. 한국의 독재도 결국 자유와 민주를 염원하는 국민들에 의해서 그 종지부를 찍었다. 시장경제가 실행되면서 국민들의 경제생활이 크게 향상되어 경제적인 자유를 얻게 되면 국민들은 정치, 사회, 문화, 종교, 언론, 교육, 통신의 자유를 원하게 되고 모든 권리와 나라의 부를 분배하는 과정에서 반드시 민주화를 원하게 되어 있다. 인간이 원하는 자유와 민주의 세력이 세계화에 큰 촉진제가 되고 있는 것을 우리는 다 같이 목격해 왔다.

내가 위에서 세계화를 촉진시키는 가장 큰 7가지 세력을 간단하게 쉐어링한 것은 학자로서 이러한 흐름을 분석하면서 따지자는 것이 아니다. 하나님께서 나에게 이 흐름을 보게 하시면서 예수 그리스도의 지상명령 성취라는 하나님의 소원을 이루기 위해서는 성령 충만하고 모든 분야에 실력 있는 전문인 크리스천들이 이 흐름의 큰 세력들의 고삐를 잡고 이 흐름을 예수 그리스도로 접목시켜 예수 세계화(JESUS Globalization = JESUS CHRIST × 7 Major Forces for Globalization)를 이루어야 한다는 공식(Formula)을 나에게 보여주신 것이다.

자비량 전문인 선교(Professional Tentmakers)를 통한 예수 세계화

자비량 선교사(Tentmaker)의 모범을 제일 먼저 실천한 분은 사도 바울이다. "…바울이 그들에게 가매 업이 같으므로 함께 거하여 일을 하니 그 업은 장막을 만드는 것이더라 안식일마다 바울이 회당에서 강론하고 유대인과 헬라인을 권면하니라"(행 18:2-4)

예수님께서 분부하신 지상명령을 신속하고 효과 있게, 그리고 적은 비용으로 대대적으로 성취하기 위해서는 수많은 전문인 자비량 선교사를 동원하여 훈련해서 파송해야 한다. 이 일을 위해서 몇 가지 전략적인 방법을 제시하고 싶다.

세계 많은 나라의 수많은 학생들과 청장년들이 영어와 컴퓨터를 열정적으로 배우고 싶어 한다. 중국이 대표적인 예이다. 중국이 경제 발전뿐만 아니라 모든 분야에서 세계적인 영향력을 발휘하기 위해서는 앞으로 30년 동안에 100만 명의 영어 교사가 필요할 것이라고 한다. 중국어를 사용하는 인구가 전 세계 인구의 1/4에 달한다고 하지만 중국이 세계적인 영향력을 주기 위해서는 중국의 젊은 청년들과 자녀들에게 영어를 필수로 가르쳐야겠다는 것이 중국 정부의 장기적인 계획이다.

영어를 모국어로 사용하는 나라는 미국, 캐나다, 영국, 오스트레일리아, 뉴질랜드 등이다. 조금 차이는 있겠으나 이 다섯 나라에는 크리스천이 많이 살고 있으며, 특히 한인 교포들이 많이 살고 있다. 여기에서 나서 자랐거나, 어려서부터 그곳에서 자란 우리 젊은 세대 크리스천들과 타 인종 젊은 크리스천들을 영어 교사로 동원해 훈련시켜서 중국에 보낸다고 가정해보자. 그들은 중국 정부로부터 미니멈(minimum) 생계를 보장받으면서 장차 그 나라의 지도자들이 될 학생들에게 영어를 가르치면서 그리스도의 복음과 사랑을 전할 수 있는 기회를 갖게 된다. 크리스천 영어 선생들이 그리스도의 사랑으로 먼저 그들과 인간관계를 돈독히 하면서 서로 신뢰할 수 있는 관계가 맺어지면 나중에 학생들을 모아 영어로 성경을 가르치며 예수 그리스도를 소개할 수 있지 않겠는가? 그들에게 영어를 가르치면서 복음을 전할 수 있을 것이다. 물론 현실적인 어려움도 많겠지만 오래 참으며 먼저 관계를 잘 수립하고 지혜롭게 하면 점점 엄청난 결과를 가져올 수 있다고 믿는다.

더불어 중국에서 가르치고 있는 영어 교사(전문인 선교사)가 자기 본국(예를 들면 미국) 대학교와 대학원에 우수한 중국 제자 학생들을 추천하여 보낸다고 가정해보자. 그리고 그들을 본국(미국)에 있는 교회와 연결시켜 준다. 그렇게 되면 그 학생들은 미국에서 유학을 하면서 학문뿐만 아니라 그리스도 복음으로 무장될 수 있을 것이다. 그들이 학업을 끝낸 후 본국으로 돌아갈 때는 훌륭한 그리스도의 제자로 자기의 전공 분야에서뿐만 아니라 가정과 직장과 지역사회에서 그리스도의 복음을 전하는 데도 크게 영향력을 발휘할 수 있을 것이다.

러시아, 카자흐스탄, 우크라이나 등 전 소련 위성 국가들도 마찬가지이며, 남미, 동유럽, 중동 등 많은 나라에서도 마찬가지이다. 세계의 청소년, 젊은이들이 영어와 컴퓨터 배우기를 얼마나 바라고 있는지 모른다. 과연 누가 이 부름에 응해서 현장에서 가르치며 복음을 전할 수 있겠는가? 전문인 교사와 선교사들이다.

세계 각국에서 가장 많이 요청하는 전문인은 역시 의사와 간호사이다. 이 일은 이미 잘 진행되고 있으며 많은 성과를 거두고 있기에 더 언급할 필요가 없을 것 같다. 그들은 직접 가서 환자를 치료하며 생명을 살리는 일을 하기 때문에 현지 주민들에게 직접적인 영향을 가장 크게 줄 수 있다. 그러나 중요한 한 가지는 우리 코리언 아메리칸 크리스천 의사와 간호사의 전국적인 네트워킹과 한국과 세계 각국의 교포 크리스천 의사, 간호사들의 네트워킹이 범세계적으로 이루어져야 한다.

이 세계적인 네트워킹을 통해서 의사와 간호사의 풀(pool)을 체계적으로 만들고, 우선순위에 따라서 타겟(target) 국가를 정해서(물론 예외적인 경우도 있겠지만), 현지에 필요한 훈련을 시켜 단계적으로 파송하는 것이 더 효과적일 것이다. 우리 코리언 크리스천 의사와 간호사들은 다른 인종의 동료 크리스천 의사와 간호사들을 동원할 수 있는 위치에 있기 때문에 우리 코리언 아메리칸 크리스천 의사들과 간호사들이 자원하여 나서기만 한다면 그 영향력은 대단할 것이다(단기보다는 1년 이상 현지에서 사역하는 것이 더 바람직하다).

미국과 캐나다, 오스트레일리아, 구라파 등 여러 나라에서 가르치고 있는 많은 크리스천 교수들이 매년마다 안식년을 갖고 있다. 상당수의 우리 교포 크리스천 교수들도 안식년을 갖는다. 그 교수들이 안식년을 선교를 위해 보낼 수 있다면, 그 영향은 대단히 클 것이다. 이 교수들이 후진 국가들, 특히 '10/40 윈도우(10/40 window: 세계 지도상의 선교전략 지역을 지칭-편집자 주)' 국가들이나 또는 남미나 중미의 미종족 아프리카 대학에서 그리스도의 사신으로 그들을 섬기면서 그들에게 학문을 가르치고 복음을 전한다면 이 교수들이 그 나라 리더가 될 젊은이들에게 주는 영향력은 대단히 클 것이다.

먼저 코리언계 교포 크리스천 교수들을 찾아서 네트워킹을 만들고 또 그들을 통하여 각 대학의 타 인종(백인, 흑인, 아시아계 등) 크리스천 교수들의 네트워킹을 확대하여 안식년을 받을 교수들을 미리 선정하고 그들을 훈련해서 그룹으로 모아 매년 정해진 나라에 파송하는 시스템을 우리는 속히 추진할 것이다.

아무튼 우리는 여러 가지 방법으로 전문인 선교사를 파송할 수 있다. 하나님께서 전문인 선교사 파송(Tentmakers mission)에 대한 장기 전략을 총체적이고도 포괄적으로 나에게 보여주셨다.

윤곽은 이렇다. 각 분야의 전문가들을 파송 지역의 필요에 따라서 10~20명으로 구성하고 그들을 철저하게 훈련시켜서 단계적으로 파송하는 것이다.

첫째, 그들은 한두 사람으로 가는 것이 아니라 각 분야의 전문인 그룹으로 가기 때문에 혼자서 사역하면서 너무 힘들어 지치고 좌절하는 그런 전철을 피할 수 있다. 그들 자체로 한 공동체를 이루어서 튼튼히 서 가면서 건강하게 효과적으로 사역할 수 있을 것이다.

둘째, 단순히 복음만을 전하는 것이 아니라 복음을 바탕으로 삶의 질(the quality of life)을 총체적으로 높이자는데 중요한 의미를 둔다. 복음이 삶 안에서 문화로 꽃 피고 열매를 맺기 위해서는 복음을 바탕으로 해서 삶의 질이 함께 향상되어야 한다. 이 일은 한두 사람의 사역으로는 역부족일 수밖에 없다. 그러나 각 분야의 전문가들이 그룹으로 파송되어 가면 한 지역사회를 총체적으로 향상시키는 일은 얼마든지 가능할 것이다. 이것이 이 전략의 특징이라고 할 수 있다.

아무튼 이런 전략으로 세계 5,000곳에 10만 명의 자비량 선교사를 파송하라는 소원을 하나님께서 우리에게 주셨다. 수많은 전문인 크리스천들이 이 하나님의 소원을 비전으로 받고 그 비전에 헌신하기를 기도한다.

이 후보자들은 교회와의 협력을 통하여 선발된다. 그리고 교회들과의 파트너십을 가지고 선교 전문가와 선교 훈련 센터를 통하여 철저하게 훈련한 후 그 후보자가 속한 교회의 이름으로 파송한다. 한 교회가 10~20명의 후보자를 한꺼번에 추천하기는 쉽지 않기 때문에 이 일을 이루는 데는 많은 교회들의 협력과 참여가 반드시 필요하다. 교회의 크고 작음에 관계없이 모든 교회가 참여할 수 있는 기회가 주어진다.

또 이미 현지에 파송되어 풀타임으로 사역하는 선교사가 있으면 그 선교사와 협력 사역을 하는 것이 최선이라고 생각한다. 그 타겟 지역에 파송된 텐트메이커들이 전문적인 지식과 기술을 제공하면서 그 지역사회와 주민들의 삶의 질을 향상시키고, 상호 존경과 신뢰를 쌓으며 좋은 인간관계를 맺을 뿐 아니라 먼저 자신들이 그리스도의 심장으로 사랑을 베풀고 종의 위치에서 진심으로 섬기면(막 10:43-45), 그 지역 주민들과 리더들은 마음을 열고 우리 텐트메이커들을 신뢰할 것이다. 이 관계 형성이 무엇보다도 중요한 첫 번째 단계라 하겠다.

텐트메이커 중에서 토목 공학을 전공했거나 건물이나 집을 지을 수 있는 전문인이 자신들이 거주하고 활동할 센터를 직접 설계해서 그 지역 주민들의 도움을 받아 함께 지을 수 있을 것이다(여기에 상하수도 건설, 전기 배선 등 전문인이 필요하다). 진료소를 센터 옆에 만들어 동료 의사로 하여금 지역 주민들을 치료하게 하고, 또 교육시설을 만들어서 주민 자녀들을 가르치고 주민들에게도 실제 삶에 도움이 되고 쉽게 적용할 수 있는 지식이나 기술들을 가르친다. 그리고 그 지역에서 교육을 받은 주민 중에서 각 분야별로 5~7명씩의 후보자를 뽑아 텐트메이커들이 가지고 있는 전문적인 지식과 기술을 그들에게 집중적으로 가르칠 뿐 아니라 그것을 각 분야에 적

JAMA 제2차 전국대회에서 카자흐스탄에 파견될 텐트메이커들
(강충원 장로님, 이수영 목사님과 함께)

용하는 구체적인 방법들을 실제로 현장에서 직접 보여주면서 (hands-on and on-site teaching and practice) 그들로 그 지역사회를 변화시키는(transforming) 리더들로 훈련시킨다.

즉 도시계획, 주민의 후생과 복지, 교통, 교육, 세금 제도, 재정 금융 제도, 공익사업, 특수 산업과 서비스업 개발, 테크놀로지 적용, 에너지 개발과 보존, 환경보호, 경제개발, 지방법 제정, 시장 개척, 무역, 그리고 기업 관리와 생산 관리 등 그 지역의 필요에 따른 여러 분야의 현지 전문인들을 단기 또는 장기 훈련하여 그들을 그 사회의 리더로 세우는 일은 대단히 중요한 임무의 하나이다. ('한 번 사는 인생 어떻게 살 것인가' P. 137-150 참조)

이와 같이 커뮤니티를 총체적으로 향상시킴으로서 그들의 삶의 질(Quality of Life)을 향상시키는 것이다(여기에서 표현하는 Life는 곧 생명이신 예수 그리스도를 의미한다). 이러한 신뢰 관계가 만들어지면 텐트메이커 한 사람 한 사람은 자기가 훈련시키고 함께 일하는 그들을 복음으로 양육할 수 있을 것이다. 일과를 마친 후 밤에는 그들을 소그룹으로 모아서 그리스도의 복음을 소개하고, 그들을 그리스도의 제자로 훈련하면 텐트메이커에게 훈련받은 그들이 그들의 가족과 친척과 친구, 주민들에게 복음을 전하는 전도자가 될 것이다. 또한 그 지역에서 사역하는 선교사는 계속해서 우리 텐트메이커들에게 영적인 양식을 공급할 것이고, 현지에서 외롭게 선교하던 선교사들은 이제는 외롭지 않게 선교할 수 있다. 그리고 선교사 자녀들은 전문인 선교사들을 통해서 각 분야별(과목별)로 교육

하나님의 소원을 이루기 위하여

을 받을 수 있기 때문에 더욱 실력 있는 자녀들로 성장할 것이다.

현지답사를 통하여 하나님의 소원을 직접 보다

1996년 12월, 나는 강충원 장로님(당시 BTI 사장)과 이수영 목사님(당시 이수영 박사님은 포틀랜드에서 큰 전자회사의 수석 엔지니어(Electronic Engineer)로 근무하면서 빌리지 침례교회(Village Baptist Church)에서 부목사로 섬기고 있었다)과 함께 카자흐스탄을 방문할 수 있는 기회를 가졌다.

우리는 알마티 은혜교회 김삼성 목사님(알마티 은혜교회는 현재 3천 5백여 명 이상이 모이는 교회로서 대부분의 교인들이 러시아 백인과 카자흐인이다. 김 목사님은 카자흐스탄 정부 리더들에게 큰 영향력을 끼치는 영적 리더이다)의 안내로 카자흐스탄 대통령 특별 보좌관 세 명과 함께 점심식사를 나누었다. 우리는 그 자리에서 미리 준비해 가지고 간 카자흐스탄 자유시장경제개발을 위한 계획을 담대히 제시했다.

이 만남은 김삼성 목사님께서 대통령 종교담당 특별 보좌관(카자흐스탄의 경우 대단히 중요한 자리이다)에게 부탁해서 주선되었는데 김 목사님과 이 대통령 보좌관 사이에는 특별한 사연이 얽혀 있었다. 그 대통령 종교담당 보좌관에게 아들이 있었는데 그 아들이 심한 마약 중독자였다고 한다. 그러다가 그 아들이 김삼성 목사님이 운영하시는 마약 개독소(rehabilitation center)에 들어와 치료를 받고 완전히 변화되었다. 우리가 그 곳을 방문했을 때는 그 아들이 김 목사님의 어시스턴트로 김 목사님을 돕고 있었다. 이것이 인연이 되어 두 분은 좋은 관계를 갖게 되었으며 그 대통령 보좌관은 그 뒤 김 목사님에게 주일에 예배드릴 수 있도록 문화회관을 빌려주었다고 한다. 나는 이 문화회관에서 말씀을 전했다.

나는 세 보좌관 앞에서 "당신들은 모슬렘입니까?"라고 물었다. 그들은 그렇다고 대답했다. "우리는 크리스천들입니다. 우리가 전문인들을 파송해서 당신 나라가 발전하도록 최선을 다해서 서번트(servant)로 섬기고 싶습니다."라고 했더니 대통령 경제 보좌관이 "당신들이 우리를 서번트로서 서브(serve)한다고요? 크리스천들이 서브를 해요? 나는 당신의 말에 큰 감명을 받습니다."라고 말했다. 그들은 교육과 지도자 훈련, 경영 훈련, 투자 유치, 영어 교육, 컴퓨터 교육, 그리고 의학 분야 학교 등 카자흐 나라의 필요한 것을 우리에게 말했다.

처음 만났지만 하나님의 전적인 은혜 가운데 우리의 미팅은 잘 진행되었다. 즉 그들은 우리 자비량 전문인(선교사)들이 자기 나라의 발전을 위해 섬길 수 있다면 받아 주겠으며 국가와 주(Province)의 차원에서 하겠다는 뜻을 내비쳤다. 우리는 당장 프로젝트를 대대적으로 실천하는 것은 어렵고 점차 단계적으로 추진하자고 합의했다. 그 후 1997년 2월, 강충원 장로님이 카자흐스탄 정부의 허락을 받고 종교담당 특별 보좌관을 초청했다. 그가 미국에서 일주일 머무는 동안 우리는 구체적인 계획을 세웠다. 그러나 그가 카자흐스탄으로 돌아간 뒤 건강 문제로 대통령 종교담당 보좌관 직책을 사임하게 되어 우리의 계획이 지연되게 되었다.

그 후 1999년 9월에 오정환 박사를 리더로 정하고 그 가정과 각 교회에서 추천한 8명의 영어 교사와 컴퓨터 전문인들을 훈련시켜 카자흐스탄에 파송했다. 각자가 1년 동안 그곳에서 생활할 수 있는 경비를 모금했다. 사역팀은 두 그룹으로 나누어졌다. 한 그룹은 김삼성 목사님을 도우면서 주말에는 그 교회에서 사역을 하고, 주중에는 영어와 컴퓨터를 가르치면서 복음을 전했다. 다른 그룹은 알마티에서 카자흐인만을 위해서 목회(러시아 백인을 싫어하는 카자흐인이 많다)하시는 주민호 선교사님을 도왔다. 그들도 역시 주말에는 주 목사님 교회에서 사역하고 주중에는 영어와 컴퓨터를 가르치며 복음을 전했다.

오정환 박사는 그곳 대학에서 경제학을 가르치면서 우리 텐트메이커(tentmaker, 자비량 전문인 선교사)들의 필드 책임자(field director)로 그들의 사역과 생활을 관리하고 지도했다. 지금은 마닐라에 있는 아시아개발은행(Asian Development Bank)에서 카자흐스탄 담당 경제개발 전문가로 근무하면서 카자흐스탄을 돕고 있다. 지난 2000년 여름에 카자흐스탄에서 인터쿱(Intercoop)이 중심이 되어 'Silk Road 2000(중앙아시아 대기도 행렬)'을 치렀는데 그때 99년 제2차 자마 전국대회 준비 책임자로서 큰 대회를 치른 경험을 가진 오정환 박사와 우리 젊은 텐트메이커들이 그 대회를 준비하는 데 크게 도움이 되었다.

'Silk Road 2000'은 2000년 7월 카자흐스탄 알마티에서 2만 명의 크리스천들이 모인 역사적인 대회였다. 나도 그때 그 대회에 참석했었다. 우리 텐트메이커들이 알마티에 머무는 동안 두 교회 선교사님들의 사역을 도우며 성실히 사명을 감당하는 것을 직접 보고, 또 현지인들의 평가를 들으면서, 주님의 지상명령 성취를 위한 텐트메이커 미션의 중요성을 재확인하게 되었다.

영어를 가르치는 자매가, "낮에는 영어를 가르치고 밤에는 소수의 학생들을 초청하여 성경말씀을 영어로 가르쳤는데 요한복음이 끝날 무렵에는 거의 모두가 예수님을 영접했어요."라고 말했다. 그 뒤 우리는 텐트메이커 미국 책임자인 이수영 목사님의 노력으로 알마티에 두 개의 아파트를 구입해서 그곳을 텐트메이커들의 숙소로 사용하고 있다. 작년에는 우즈베키스탄과 중국에 텐트메이커들을 파송했고 금년에는 JAMA 전국대회에서 헌신한 텐트메이커 후보자들을 훈련시켜 그들을 아프리카의 감비아, 카자흐스탄, 아프가니스탄에 보낼 준비를 하고 있다. 나는 현지답사를 통해서 다음과 같은 몇 가지를 깨닫고 그것을 시행하기로 마음을 정했다.

효과적인 텐트메이킹 사역을 위해

각 교회에서 매년 여름마다 대학생들과 영어권 젊은 전문인들을 대상으로 해서 단기 선교를 보내는 것은 장차 선교적인 차원에서 대단히 중요하다고 생각한다. 특히 헌신된 텐트메이커 후보자를 선정하기 위해서는 대학 시절 여름방학을 온전히 선교지에 가서 보내는 것은 대단히 중요하다고 믿는다.

자기들의 전공 분야를 왜 최선을 다해서 공부해야 하며 실력을 쌓아야 하는지, 왜 하나님의 말씀으로 더 철저히 훈련을 받아야 하는지…, 선교지에서 여름방학을 보내면 그 동기가 확실하게 부여될 것이다. 왜 하나님 말씀으로 무장해야 하는지, 왜 공부를 열심히 해야 하는지 그 목적이 분명하게 되면 당연히 최선을 다해서 실력을 쌓을 것이다.

필요한 텐트메이커 후보자들을 모으기 위해서는 교회, 특히 중·소형교회의 협조와 협력이 절실히 필요하다. 작은 교회에서는 텐트메이커 후보자가 있더라도 그 자원을 효과적으로 훈련해서 보내는 일이 쉽지 않기 때문이다. 주님의 지상명령 성취를 위해서 교단을 초월해서 지역 교회들이 전문인 선교사 후보자들을 모아 함께 훈련해서 그들을 선교 현장으로 파송하는 일에 동역할 수 있다면 이것이야말로 하나님이 기뻐하시는 일이라고 믿는다.

텐트메이커로 헌신하기로 작정한 후보자들은 하나님의 영광을 위해서 그 나라의 언어, 역사, 전통, 풍습, 독특한 인간 행위(human behavior)를 배우면서(일반적인 정보는 인터넷에서 제공받을 수 있다) 자신들의 전공 분야의 지식과 기술을 연마하는데 더욱 노력해야 할 것이며 셀그룹(cell group)에서 성경말씀을 가르치는 훈련도 잘 받아야 할 것이다.

텐트메이커의 공동생활을 위해서는 팀웍(teamwork)과 인테그리티(Integrity: 인격·진실성·성실성·순수성) 훈련이 절대적으로 필요하며 효과적인 의사소통(human communication) 기술과 예절 훈련도 받을 뿐 아니라 텐트메이커들은 먼저 리더십과 섬기는 훈련을 철저히 받아야 한다. 그들이 선교지에서 젊은이들을 훈련시켜 예수님 중심으로 사는 리더들로 세워야 하기 때문이다.

현 직장과 사업터에서 전문인으로 안정되게 일을 하다가 자비량 선교사로 1년 내지 3년 동안 다른 나라에 가서 사역하고 돌아왔을 때 그 직업(job)이 보장되겠느냐 하는 염려 때문에 본인들 뿐만 아니라 부모님이 반대하는 경우가 많아서 현실적으로 텐트메이커 후보자가 많지 않은 실정이다. 심지어는 교회 중직을 맡고 있는 부모들이 반대하는 경우가 너무나 많다.

그러나 하나님 편에서 긴 안목으로 보면 다르게 생각할 수 있다. 텐트메이커들이 현지에서 1년 내지 3년 사역하는 동안 그 나라와 그 지역의 경제, 문화, 교육, 사회, 기술, 과학 등 여러 면에 있어서 정보를 수집하고 경험을 쌓게 되고, 또 그 지역의 리더들, 그리고 주민들과 맺은 인연을 통하여 개인적이고 영적인 관계뿐만 아니라 이미 맺어진 신뢰와 존경의 관계 속에서 양국간의 통상과 문화, 교육, 기술교류의 증진에 크게 영향을 줄 수 있는 인물로 인정을 받게 될 것이다. 따라서 그들이 1년 내지 3년 동안 선교지에서 봉사하고 돌아오면 더 좋은 일터에서 더 좋은 대우를 받을 수 있을 것이다. 나는 마태복음 6장 33절의 하나님의 약속을 믿는다. "너희는 먼저 그의 나라와 그의 의를 구하라 그리하면 이 모든 것을 너희에게 더 하시리라"

나는 텐트메이커 후보자를 모아 훈련해서 파송하는 일을 위해서는 전 미국과 한국과 우리 교포가 살고 있는 많은 나라의 크리스천 전문인들을 연결하는 네트웍이 시급하다는 사실을 깨달았다. JAMA 국제 디렉터인 박수웅 장로님(의사)이 이 네트웍의 사역을 이미 시작하였다.

텐트메이커로 섬긴 경험을 가진 그들이 돌아와서 현지에 파송할 후보자를 모집하고 훈련시키는 일에 동참하면 이 사역은 지속적으로 확장될 것이다. 또한 텐트메이커로서 사역하면서 풀타임 선교사로 하나님의 부르심에 소명을 받고 헌신하면 더욱 감사한 일이라 하겠다. 1999년 카자흐스탄에 파송되어 2년간 섬겼던 크리스(Chris)의 경우 카자흐스탄에서 텐트메이커로 섬기면서 자신을 온전히 풀타임 선교사로 바치라는 하나님의 부르심에 순종해서 돌아온 후 강한 선교 훈련을 받고 지난 해에 우즈베키스탄으로 떠났다.

"왜 하나님께서 나를 대학 교수가 되게 하시고 젊은 대학생들과 전문인 크리스천들을 위해서 생명을 바쳐 그리스도의 심장으로 사랑하며 그들을 그리스도의 대사로 훈련시키는 이 엄청난 소원을 주셨는지 그 확신 가운데 확인시켜 주시는 하나님께 감사와 찬송과 영광과 존귀를 드립니다. 주여, 대학생들과 젊은 전문인 크리스천들을 깨워주소서. 그들로 하여금 일어나 빛을 발하는 그리스도의 변화의 사신들이 되게 하옵소서! 이들을 통하여 주님의 소원이 성취되게 하옵소서! 아멘!"

전 세계에서 온 유학생들을 보라!

세계 각국의 수많은 젊은 학생들이 미국을 비롯해서 캐나다, 영국, 프랑스, 이태리, 일본, 호주 등 선진국 대학에서 유학하고 있다. 이미 언급했지만 미국 대학에서 공부하고 있는 유학생수가 세계에서 가장 많다. 2001년 9·11 테러 사건 이후 연방 정부에서 조사한 2001년 10월 통계에 의하면, 당시 유학생수가 547,867명이고 교환 교수로 와서 연구하고 있는 교수들이 79,651명이었다. 영어 연수와 기술 훈련을 받는 유학생 수도 무려 15만 명이 넘었다. 전 세계에서 80만 명이 넘는 수가 미국에 와서 공부하거나 연구하고 있다는 사실이다. 세계 각국의 엘리트들이 매년 20만 명 이상의 유학생들이 미국 대학교와 대학원에 입학해 들어온다. 이들이 공부를 마치고 본국에 돌아가면 모든 분야에서 리더 역할을 한다(물론 본국에 돌아가지 않고 미국에 남는 숫자도 대단히 많다).

2001년 통계(www.opendoorsweb.org)에 의하면 중국에서 59,939명, 인도에서 54,664명, 일본에서 46,497명, 한국에서 45,685명, 대만에서 28,566명의 유학생들이 미국 대학교 캠퍼스에서 공부하고 있다. 세계 각국에서 온 수많은 교환교수들(visiting professors)도 미국 대학교 캠퍼스에서 우리 한국계 교수들, 그리고 백인, 흑인, 히스패닉, 아시안, 중동 계통의 교수들과 같이 연구하고 또 가르치기도 한다.

하나님께서 나로 하여금 이 엄청난 세계 각국의 학생, 교수, 엘리트 자원을 하나님 편에서 보게 하시면서 하나님의 깊은 소원을 깨닫게 하셨고 이들을 위한 사명을 주셨다.

이미 이들에게 복음을 전하는 것을 사명으로 알고 사역하는 선교 단체들도 많고 또 교회들도 많다. 따라서 유학생들에게 복음을 전하는 것은 새로운 사명은 아니다.

하나님께서 나에게 보여주신 소원은 선교 차원에서 볼 때 매우 총체적이고 구체적인 형태이다. 나 자신이 유학생으로서의 경험이 있고 또 31년 동안 대학에서 교수로 일하면서 세계에서 온 유학생들을 직접 가르치고 도와주고 그들에게 복음을 전하고 있기 때문에 실제로 유학생들의 상황과 사정을 잘 알고 있다. 이러한 나의 특별한 환경의 삶을 통해서 하나님께서 당신의 소원을 총체적이고도 구체적으로 보여주셨다.

물론 미국 대학가에는 한국 유학생 교회(대학생과 대학원생, 그리고 교환교수들과 그 가족을 대상으로 한 교회)들이 있어서 그들을 위해서 열심히 사역하고 있고 큰 도시 한인 교포 교회들도 한국 유학생 사역을 하고 있다. 또한 매년 시카고에서 열리는 KOSTA를 통해서도 많은 유학생들에게 복음을 전해서 그들의 삶을 변화시키고 수많은 하나님의 자녀들을 배출하고 있다.

그러나 하나님께서 이런 사역과는 사뭇 다른 측면을 보게 하셨다. 세계 각국에서 유학 온 이 젊은 엘리트 학생들과 교환교수들을 예수 그리스도께로 인도하고 복음으로 변화시키는데 가장 큰 영향력을 줄 수 있는 세력(force)은 미국 대학교에서 가르치는 교수들인 것을 나의 교수직을 통해서 깨닫게 하시며 그 사명을 주셨다.

복음 전도에 있어서 대학 교수들의 역할

나는 몇 차례 미국 대학교에서 가르치거나 연구하고 있는 코리언 아메리칸 크리스천 교수들을 세계 지도력 포럼(Global Leadership Forum-GLF)에 초청해서 3박 4일씩 함께 리트릿(retreat)을 가져오고 있다. 우리를 향하신 하나님의 소원 곧 우리의 비전을 나누고 이 하나님의 소원에 헌신하도록 하기 위해서이다.

우리는 우리를 향하신 하나님의 소원을 깨닫고 헌신하기 전에 개인적으로 철저히 하나님께 회개하고 변화하는 것(transforming)을 강조한다. 개인적으로 철저하게 회개하고 변화를 받은 후에야 분명한 하나님의 비전을 볼 수 있고 또 우리가 하나님의 비전을 확실하게 보고 인격적으로 받을 때만이 그 비전에 온전히 헌신할 수 있기 때문이다.

우리는 철저한 회개(repentance)와 변화(transforming), 그리고 하나님의 비전 발견과 그 하나님의 비전에 대한 헌신…, 이런 과정들을 통해서 놀랍고 감격스러운 영적 체험들을 하고 있다. 나는 이런 모임들을 통해서 하나님의 비전을 이룰 수 있는 구체적인 전략들도 함께 나누고 있다.

예를 들면, 우리 교수들이 각각 몇 명씩 작은 그룹으로 유학생들을 가정에 초청해서(주말이 제일 좋다) 그들과 음식을 나누면서 먼저 교제의 시간을 가질 수 있다. 같이 식사를 나누면 서로 마음 문이 열려서 함께 좋은 교제를 나눌 수 있다. 여호수아와 갈렙이 가나

안 사람들을 "우리의 밥이다"라고 한 것처럼 "너는 내 밥이야(I can swallow you up: 내가 너를 밥을 먹는 것처럼 삼킨다는 의미)"라는 마음을 정하고 교수가 그들에게 식사를 대접하면서 대화를 통해서 그들과 좋은 관계를 맺는 일부터 시작한다. 더군다나 외로운 유학 생활을 하는 유학생들에게 있어서는 자기를 가르치는 교수 가정에 초대받아 식사를 대접받는다는 것은 큰 격려와 기쁨이며 특권이 아닐 수 없다.

물론 한 번 초대해서 될 일이 아니다. 몇 차례 거듭해야 한다. 계속해서 그들과 가까이 교제하면서 교수로서 '어떻게 하면 공부를 잘 할 수 있는지' 방법도 가르쳐 주고…, 그리스도의 심장을 가지고 진심으로 그들을 사랑하면서 돌봐주면 언젠가 그들의 마음은 녹아질 것이며 결국은 서로를 신뢰할 수 있는 그런 관계가 만들어질 것이다.

서로를 신뢰할 수 있고 무엇이든지 털어놓을 수 있는 그런 관계가 되면, 자기를 가르치고 또 사랑으로 대접하는 교수가 "내 인생 전체를 바꾸어 놓았을 뿐만 아니라 내 인생에 있어서 무엇보다도, 누구보다도 가장 귀하고 가치 있는 나의 생명이신 분을 소개하고 싶은데 만나고 싶지 않느냐?"라고 물었을 때(이것은 내가 하는 방법이다) "만나고 싶지 않다."라고 어느 유학생이 거절하겠는가? 그럴 학생은 거의 없을 것이다. 내 경우는 한 유학생도 거절한 일이 없다. 그 교수는 이때 사영리를 같이 읽든가, 아니면 간단하게 잘 요약된 전도지를 꺼내 일단 예수 그리스도를 소개하는 시간을 갖는다. 또 자신의 간증(예수님을 만나기 전과 후의 대조적인 삶의 쉐어링, 특히 대학생 시절, 현재 삶 속에서 역사하시는 성령님)을 나누면서 예수님을 구체적으로 소개하면 더욱 효과가 있다.

이 사명을 위해서는 교수들 자신의 노력만으로는 불가능하다. 이 사명은 가정을 중심으로 이루어져야 하기 때문에 교수들의 헌신도 필요하지만 동역자인 아내들의 절대적인 협력이 있어야만 가능한 일이다. 물론 교수들은 이 일은 캠퍼스 식당이나 교수 사무실 또는 캠퍼스 주변에 있는 어떤 장소들을 이용해서도 할 수 있겠지만 가정에 초청하는 것이 열매를 맺는 데는 훨씬 효과적이다.

JAMA 국제학생·교수 미니스트리(International Students and Scholars-ISS ministry) 디렉터인 안종혁 교수(신시내티대학교(Univ. of Cincinnati) 전자공학과 교수, 그는 MEMS 분야의 전문가로 미국뿐만 아니라 세계적으로 널리 알려져 있는 학자이다)는 이런 방법으로 이미 수많은 유학생(한국 유학생 포함)뿐만 아니라 연구 교수들을 접촉해서 그들을 그리스도께로 인도해서 그리스도의 제자로 양육하고 있다.

이 사역의 영역을 더 넓혀야 할 단계가 되면 같은 대학에서 섬기는 타 인종 동료 크리스천 교수들을 찾아서 동역자로 삼으면 크게 도움이 된다. 먼저는 유학의 경험이 있는 크리스천 교수들과 이 비전을 나누고 그들로 이 사명에 헌신하게 할 뿐만 아니라 앞에서 나누었던 방법을 그대로 실천하게 하고, 다음 단계로 그 대학의 크리스천 교수들 중에서 이 사명에 헌신할 수 있는 교수들을 찾아 이 사역을 점점 확대해 나간다. 그리스도를 통해서 변화된 체험을 가진 우리 영어권 대학원생들이나 대학생들을 교수들의 동역자로 활용

JAMA-ISS 리트릿에 참여한 교수들이 유진소 목사님과 함께(몬터레이에서)

하면 더 큰 효과를 거둘 수 있다.

유학생들의 필요를 채워 주라

유학생들에게 가장 절실한 것은 외로움과 언어이다(미국의 경우 영어). 나도 경험했지만 유학생활의 외로움은 참으로 크다. 아무리 친한 친구나 아내(혹은 남편)가 옆에 있어도 그것만으로 외로움이 해결되지 않는다. 풍습, 환경, 생활방식, 언어가 다른 환경 속에서 평생 만나보지도 알지도 못한 교수에게서 익숙하지 않은 언어로 배워야하고, 사고방식과 가치관이 아주 다른 학생들과 경쟁을 하면서 공부해야 하니… 안팎에서 몰려드는 외로움과 압력은 유학생만이 겪고 이겨내야 할 숙명과도 같은 것이다.

사람은 누구나 외로울 때 유혹 받기 쉽다. 만약에 외로움을 달래기 위해 술을 마시기 시작하면 그는 나중에 알코올 중독자가 될 것이다. 섹스를 하기 시작하면 섹스 중독자가 되고, 마약을 복용하기 시작하면 마약 중독자가 되고, 도박을 하기 시작하면 그는 결국 도박 중독자가 될 것이다. 나는 그렇게 되는 유학생들을 많이 목격해 왔다.

그러나 이 외로운 유학생들에게 예수님을 소개하면 그들은 훌륭한 그리스도의 제자들이 될 것이다. 예수님 곧 자기를 사랑해서 십자가에서 죽기까지 하신 그분이, 자기의 가장 친한 친구라는 사실을 알고, 자기가 하나님의 사랑 받는 자요, 하나님께서 자기를 하나님의 아들딸로, 그리스도의 대사로, 왕 같은 제사장, 하나님의 후사로 인정하셨다는 사실을 알게 되면, 그러기에 이제는 자신이 단순한 유학생이 아니라 어디를 가든지 그 땅 위에서 주인이라는 오너쉽을 깨닫게 하면, 외로움과 그로 인한 모든 유혹을 넉넉히 이겨낼 뿐 아니라 삶의 분명한 목적을 가지고 최선을 다해 공부하게 될 것이다. 그 결과가 어떻게 될 것인지는 가히 상상할 수 있을 것이다.

또 하나의 절실함은 언어이다. 미국의 경우 영어를 모국어로 가졌거나 영어를 일상적으로 사용하는 나라에서 미국에 유학 온 학생들에게는 그것이 별 이슈가 아니겠지만 비영어권 나라에서 유학 온 학생들에게는 영어가 유학생활을 하는데 있어서 큰 장벽이며 어려움이라는 것은 다 알고 있는 사실이다. 대부분의 경우 그들의 영어 실력이 유학 오자마자 바로 미국 대학 클래스에서 같이 공부하고 대화하는데 어려움이 없을 정도는 아니기 때문이다. 따라서 이 언어 문제는 유학생들이 넘어야 할 큰 산이며 심각한 도전이 아닐 수 없다.

나도 똑같은 경험을 했다. 영어권의 미국 학생이 도와준다면 그것이 유학생들에게는 큰 힘이 될 것이다. 한편으로 우리 크리스천 교수들이 그들에게 특별한 관심을 가지고 유학생들을 위해서 영어 커뮤니케이션을 속히 향상시키는 방법을 가르칠 수도 있고 또 우리 2세나 다른 크리스천 재학생들로 그들의 영어 커뮤니케이션 향상을 돕게 할 방법도 있을 것이다. 또 각 대학교에 영어 커뮤니케이션 향상을 돕는 튜터링 서비스(Tutoring Service)나 ESL 프로그램도 도움이 될 것이다. 그러나 같은 분야를 공부하는 동료 친구나 선배가 직접 도와주는 것이 가장 효과적이다.

나는 1967년에 미국에 유학 와서 남가주대학(University of Southern California)에서 석사과정 공부를 시작했다. 미국 정치학(American Government)을 전공했기 때문에 쉴 없이 많은 책과 아티클(article)을 읽어야 했고, 리뷰(review)한 것을 페이퍼로 제출해야 했으며, 또 그것들을 클래스에서 발표해야 했다. 내가 미국에 올 때 영어를 좀 잘 한다고 했고, 또 USC에서 전공과목을 받기 전에 치르는 영어 시험도 다 통과했지만 막상 공부를 시작했을 때는 도저히 따라갈 수 없어 심한 절망감까지 느꼈다. 어쨌든 최선을 다 해서 따라가기로 결심하고 공부하기 시작했다. 나는 읽는 과제는 어느 정도 따라갈 수 있었으나 매주일 리뷰를 해서 페이퍼를 제출하고, 또 발표하는 것과 크리틱(critique)을 해야 하는 세미나식의 다이내믹한 인터액션(dynamic interaction), 그리고 문답식 다이아로그(dialogue)에는 너무나 어려움이 많았다.

  좌절감과 열등감 때문에 실망뿐만 아니라 가끔은 분노까지 치솟았다. 아무리 분을 낸들 이 문제가 해결되겠는가? 설상가상으로 첫 학기에 우리를 가르쳤던 교수들은 감정이 있는지 없는지 참으로 냉정하기 그지없었다. 너무도 차가워서 도무지 친밀한 인간관계를 맺을 수가 없었다. 이런 상황에서 나는 밥 블랙스톤(Bob Blackstone)이라는 급우(classmate)와 친하게 되었다. 그는 나의 어려움(struggling)을 목격하고 자기가 도울 일이 없는지 물어왔다. 나는 학교 식당에서 그와 콜라를 마시면서 서투른 영어로 나의 사정을 자세히 이야기하며 그의 도움을 청했다. 특히 내가 리뷰를 쓰고도 그것이 바르게 써졌는지 알 수가 없는데 우선 그것부터 검토해서 고쳐주기를 간청했고, 그 다음 학기부터는 스터디 팀(study team)을 만들어서 같이 공부하면서 나를 좀 도와달라고 부탁을 했더니 그는 그것을 기꺼이 수락했다.

  밥은 "춘, 내가 최선을 다해서 너를 돕겠다. 염려하지 말라. 끝까지 같이 공부하여 석사 박사 학위를 같이 받자." 하며 나를 격려해 주었다. 나는 눈물이 났다. 밥의 부모가 미국 선교사로 중국에서 선교하시는 동안 그가 중국에서 태어난 것을 나중에 알게 되었다. 그런 이유 때문에 그가 동양인을 사랑하는 예수님의 심장을 어릴 적

하나님의 소원을 이루기 위하여

부터 가지고 있었던 것도 또한 알게 되었다. 그는 멋진 수염을 가진 미남이었다.

  그때부터 그는 내가 쓴 학기말 논문(term paper)과 많은 페이퍼들을 고쳐 주었고, 나는 그것을 잘 배우고 익혀서 나중에는 그의 도움 없이도 글을 잘 써 좋은 성적을 받을 수 있게 되었다.

  나는 리뷰와 코멘트(comments)를 발표할 때는 그것이 석 장이든 열 장이든 전부를 외워서 그대로 총알 같이 발표했다. 내가 구두로 발표하는 동안 급우들이 중간에 끼어들어 질문을 하려고 하면 나는 언제나 "끝나면 질문하라." 해놓고 처음부터 끝까지 방해 없이 발표를 마치곤 했다. 발표할 것을 완전히 외어버리는 이 습관이 그 후 나에게는 큰 유익이 되었다.

  68년부터 5명이 스터디 팀(study team)을 만들었다. 우리는 매주 금요일 오후에 같이 모여 그 주일에 배운 모든 것을 같이 리뷰하고 리프렉션(reflection)했을 뿐 아니라 학습한 내용들 중에서 가장 중요한 것들과 큰 이슈들을 같이 토의하며 정리했다. 또 다음 주 학습을 준비하면서 서로 과제를 분담하고 우리가 어떻게 클래스를 리드할 것인지를 상의했다. 얼마 후에는 도무지 불성실하고 자신의 유익만을 챙기는 이기적인 동료 한 사람을 우리 네 사람이 만장일치로 합의해서 우리 팀에서 내보기도 했다. 우리 네 사람은 끝까지 서로를 도우며 잘 공부해서 우리는 다같이 우수한 성적으로 박사 학위를 마쳤다. 그들은 지금 모두 교수가 되어서 현재 대학에서 가르치고 있다.

  만약 밥 블랙스톤이 아니었더라면 나는 어떻게 되었을까? 나는 그 은혜를 잊을 수가 없다. 그때 밥이 나에게 무엇을 요청해도 나는 최선을 다해서 그 요청을 다 실행했을 것이다. 만약 내가 크리스천이 아니었는데 밥이 나에게 예수 그리스도를 소개했다면, 나는 밥의 도움에 너무 감사해서 그 감사의 표현으로라도 예수 그리스도를 영접했을 것이다. 우리가 이 사역을 크리스천 교수를 중심으로 미 전국 대학에서 점점 크게 대대적으로 벌리자는 것이다.

1995년 대만의 헌법이 바뀌어 대만이 총선거를 통해서 대통령을 선출해야 했을 때 총통의 자리에서 대통령으로 출마한 리광류 후보가 선거유세에서 "만약 여러분이 나를 선출해서 내가 다시 대통령이 된다면 나는 크리스천으로서 이 나라를 다스리겠다."라고 공약한 일이 있었다. 당시 대만에서의 크리스천은 전체 인구의 1% 정도밖에 안되었는데 그는 담대히 그의 신앙과 양심을 공약으로 선언했다. 그는 대통령에 재당선되었다.

그가 1930년대 유학생으로 미국 명문 코넬대학에서 공부할 때 같은 급우(classmate)였던 백인 학생이 그에게 예수님을 소개해서 그가 예수 그리스도를 영접해 크리스천이 되었고, 유학 기간 동안 성경말씀을 잘 배웠다고 한다. 학위를 끝내고 그는 중국으로 돌아갔다. 나중에 그가 대만의 대통령이 될 줄을 누가 알았겠는가? 그러나 잃은 영혼을 주님의 심장으로 사랑했던 한 백인 학생이 전한 예수 그리스도가 그 당시 초라했던 무명의 한 중국 유학생을 변화시켰다. 그는 크리스천이 1%밖에 되지 않는 대만에서 자신이 크리스천이라고 하면 선거에서 떨어질 확률이 높은데도 담대히 자기의 믿음을 공공연히 선언할 수 있는 담대하고 훌륭한 그리스도의 대사가 되었던 것이다(마 6:33).

하나님께서 나에게 소원으로 주신 부담은 전 세계에서 온 유학생들을 이와 같은 훌륭한 그리스도의 대사들로 훈련시키는 것이다. 그들이 학위를 마치고 본국으로 돌아가면 모든 분야에서 리더가 되어 그리스도의 대사 역할을 믿음으로 담대하고 능력 있게 수행해낼 것이다.

또 추수감사절(Thanksgiving)을 좋은 기회로 활용할 수 있다. 미국의 대학교들은 추수감사절 주말 곧 11월 넷째 주 목요일부터 주말까지는 완전히 문을 닫는다. 미국의 풍습이 이 절기에는 멀리 떨어진 가족들이 함께 모여 일찍이 청교도들이 시작했던 전통적인 음식을 나누어 먹으며 같이 시간을 보낸다. 그러기에 어느 절기보다도 이 기간에는 모든 사람들이 일을 쉬고 고향이나 부모 친척이 있는 곳으로 떠난다(미국에서는 이 기간이 일년 중 가장 바쁜 기간이다). 따라서 이 기간 동안 기숙사에는 타국에서 온 유학생들만이 남을 뿐 기숙사가 온통 텅 비어 썰렁하게 된다. 대부분의 유학생들은 이 절기에 마땅히 갈 곳이 없기에 쓸쓸하게 보낸다. 그들은 이 기간이 너무 짧아서 본국에 다녀올 수도 없고, 멀리 여행을 하기도 그렇고 해서 대개는 기숙사나 아파트에 남아 무료하게 보낸다.

이 때에 크리스천 교수들이 이들을 가정에 초청하여 터키를 비롯한 추수감사절 전통음식을 함께 나눌 수 있지 않겠는가? 그 기회를 통해서 교수들은 그들과 친밀해질 수 있고 그 친밀감을 통해서 점차적으로 한 사람씩 주님께로 인도할 수 있을 것이다.

유학생들의 반응이 좋아서 초청에 응하는 수가 많아지면 지역 교회의 여선교회나 친구 동료들의 도움을 받아 음식을 준비해서 그들을 대접하면 이것은 선교 차원에서 큰 투자가 될 것이다. 그들을 교회에 초청해서 음식을 대접하면 모슬렘권 학생들이나 타종교 학생들 또는 무신론 학생들은 오기를 꺼려할 것이고 온다 해도 마음을 닫기가 쉬울 것이니 역시 교수가 가정을 오픈해서 초청하는 것이 가장 좋은 방법이라 하겠다.

네바다주립대학교 김경일 교수는 이 사역을 통해서 그동안 수백 명의 유학생들에게 예수 그리스도를 소개해서 믿게 했다. 한국, 일본, 중국, 러시아, 심지어는 아랍 국가에서 온 그들이 이렇게 해서 예수 그리스도를 만난 후 놀랍게 변화된 삶을 살고 있는 것을 보았다. 내가 네바다대학교에서 말씀을 전하기 위해서 방문했을 때 아랍 국가에서 온 학생에게, "네가 예수 그리스도를 믿는 것을 네 부모가 알면 어떻게 되느냐?"라고 물었더니 "내 부모가 나를 완전히 가문에서 내쫓거나 그렇지 않으면 다리를 자르거나 죽일 수도 있습니다."라고 대답했다. 나는 "그래도 너는 예수를 네 구주와 왕으로 믿고 따르겠느냐, 그분이 너에게 그만큼 소중하냐?"라고 물었더니 "그렇습니다."라고 단호히 대답했다. 그들은 매 금요일 저녁마다 학교에서 크리스천 교수들과 같이 식사를 나누면서 풍성한 교제와 말씀의 시간을 갖고 있었다.

하나님께서 국제 유학생과 교환교수를 예수 그리스도께로 돌아오게 하는 이 비전을 우리에게 사명으로 주셔서 함께 시작했던 것이 이제는 이 사명에 헌신한 교수들이 점차 늘어나 사역의 지경이 점점 넓어지고 있다.

유학생을 그리스도의 제자로

이러한 여러 과정을 통해서 예수님을 구주로, 왕으로 영접한 그들을 이제는 그리스도의 제자로 양육하는 사역이 필요하다. 교수가 일주일에 2시간 정도의 시간을 내서 그들을 직접 양육하는 방법도 있겠고(이 경우 제자를 양육하는 교수는 반드시 제자 훈련을 받은 경험이 있어야 한다), 또는 전문적인 캠퍼스 사역자들에게 그들의 양육을 맡길 수도 있을 것이다. 그러나 보다 효과적인 방법은 담당 교수와 그 지역에 있는 교회가 협력해서 그들을 훈련하고 양육하는 것이다. 유학생들을 영어로 훈련할 수 있도록 준비된 지역 교회(영어 미니스트리가 이미 운영되고 있고 영어권 목회자나 제자 훈련을 받은 영어권 1세, 2세 전문인 성도들이 준비된 교회)에 소개해서 교수와 협력하여 선교의 사명으로 이들을 양육한다.

월요일 저녁에는 중국 유학생, 화요일 저녁에는 일본 유학생, 수요일 저녁에는 브라질 유학생, 목요일 저녁에는 러시아 유학생들을 위한 소그룹 제자훈련, 그리고 금요일에는 모두 모여 같이 식사하면서 휄로쉽(fellowship)하는 시간을 갖는다고 가정하자. (가능하면 교회에서 식사대접을 하면 더욱 효과가 있다) 토요일에는 특정한 시간을 정하여 영어 커뮤니케이션을 훈련시키고 또 숙제를 도와주고 주일에는 모두 함께 찬양과 경배를 하며 다같이 영어로 말씀을 듣는 영광스러운 모든 민족의 예배(All Nations Service)로 드린다면 하나님이 얼마나 기뻐하시며 그 예배를 영광 중에 받으시겠는가? 이러한 예배에 하나님의 복이 충만할 줄 믿는다. 지금 대학가에서 한국 유학생만을 위해서 시작한 모든 교회들이 이제는 여기까지 그 지경을 넓혀야 할 때가 왔다. 그 중에는 이미 실천하고 있는 교회들도 있다.

이렇게 제자로 훈련받은 유학생들이 학업을 마치고 학위를 받고 본국으로 돌아갈 때 이들을 제자 삼아 양육한 교회가 이들에게 전도와 선교의 사명을 주고 그 교회의 해외 파송 선교사 자격으로 보낸다. 즉 그들을 그 교회의 아들딸로 삼아 그들을 본국에 보낼 때 전문인 선교사의 자격으로 보내자는 것이다.

유학생으로 왔다가 학위가 끝나고 본국에 돌아가면 그들은 자기 나라에서 각 분야의 리더로 영향력을 발휘할 것이다. 그리고 하나님께서 그들과 함께 하심으로 그들을 통하여 담대하게 부모와 형제, 친척들, 친구들에게 예수 그리스도의 복음이 전파될 것이다. 또 그들이 유학시절 자기를 가르쳤고 양육했던 교수들, 그리고 신앙으로 훈련받은 교회에 연락하여 전도와 선교에 필요한 것들을 요청하면 최선을 다해 이쪽에서 지원하고 공급하는 일이다. 특히 그들이 교사, 교수, 의사, 엔지니어, 법관, 변호사, 또는 다른 분야의 전문인을 필요로 할 때 이쪽에서 단기 또는 장기 전문인 선교사(tentmakers)들을 파송해 주면 그들의 사역에 대단한 도움을 줄 것이다. 그리고 이미 그 나라에 가서 사역하고 있는 선교사를 그들과 연결해 준다면 선교사의 사역은 유학하고 돌아온 리더들과, 그리고 우리가 보낸 텐트메이커들과의 협력을 통해 그 지역과 나라에서 그리스도의 지경이 점점 창대해질 것이다.

적은 비용으로 엄청난 수확을 할 수 있는 투자이다. 만약 본국에 돌아간 그들 중에서 미국에 다시 와서 신학을 하고 자기 민족을 위해서 복음의 사역자가 되고 싶은 소명을 받은 자가 있으면 교회가 그들을 초청하여 장학금을 주어 신학공부를 시키고 훈련하여 안수를 받게 한 후 그들의 본국에 보내 선교사로서 사역하게 한다. 이렇게 연결된 교포 교회가 점차 증가한다면 세계 선교에 어떤 영향을 미치겠는가 상상해보자.

현재 한국계 1.5세, 2세 영어권 대학생 20만 명 이상이 (앞으로 점점 많아짐) 미국 대학에서 공부하고 있다. 한 학생이 세계에서 온 유학생 중 3~4명씩 친구를 만들어서 그리스도의 심장으로 그들과 휄로쉽(fellowship)을 가지며 크리스천 교수들과 합력하여 그들에게 복음을 전하는 사명을 갖게 한다면 우리 자녀들이 얼마나 큰 영향력을 발휘할 수 있겠는가? 이러한 비전을 받고 또 사명을 가진 우리 자녀들이라면 왜 교회를 떠나겠는가?

최근 통계에 의하면, 학위를 마친 유학생이 본국에 가지 않고 미국에 남는 숫자가 점차 증가하고 있는 형편이다. 한국 유학생도 마찬가지이다. 미국에 남는 경우 그들이 미국의 주류에서 영향력을 발휘할 수 있도록 크리스천 전문인 네트웍으로 연결시켜주고 그들로 하여금 자신들의 모국에 선교할 수 있는 계획에 같이 참여할 수 있도록 한다(선교사 연결, 텐트메이커 연결 등). 텍사스 A&M 선교교회 담임 김 종 목사님의 경우 많은 한국 유학생들을 변화시켜 그리스도의 제자로 양육하는 중 한국에 돌아가지 않고 남아 미국 대학에서 가르치는 7명의 교수가 배출되었다. 이 교수들이 위에 언급한 세계 유학생 학자 제자훈련(JAMA ISS 사역)에 참여하고 있다. 만약 본국에도 돌아갈 수 없고 미국에도 남을 수 없다면 그들을 훈련시켜 선교 지역에 전문인 선교사(tentmakers)로 보내는 일도 시작해야 한다.

LA 온누리교회와 파트너십을 맺다

이와 같이 세계 각 나라에서 와 있는 수많은 유학생들과 교환교수들을 예수 그리스도로 변화시켜 그들을 그리스도의 제자로 만들라는 하나님의 소원(ISS-International Students and Scholars Mission)을 이루기 위해서 전 미국 각 대학에서 먼저는 한국계 크리스천 교수들을, 그리고 단계적으로는 타 인종 크리스천 교수들을 동원하여 훈련하는 ISS 사역에 LA 온누리교회(유진소 목사님)와 파트너십(partnership)을 맺게 되었다. LA 온누리교회가 교회의 중요한 선교 사명의 비전으로 JAMA ISS와 조인트 벤처(joint venture)를 시작한 것이다. JAMA ISS 비전에 헌신된 교수들과 대학가에서 유학생 사역을 하시는 목사님들이 LA 온누리교회와 함께 이 비전을 이루어 가기 시작했다.

  이 역사적인 파트너십 리트릿(partnership retreat)이 지난 2002년 6월에 콜로라도 브랙큰리지(Brackenridge)에서 있었다. 이 리트릿에는 교수 가족들 98명과 LA 온누리교회 가족들 27명(찬양팀, 중보기도팀, 그리고 봉사 사역팀 등), 그리고 콜로라도 보울더(Boulder)에 있는 열린문교회의 한 목사님과 성도들(수송을 위해서 봉사해 주심)이 참석했다. 모두 140여 명이 되었다. 40여 명의 봉사자들은 엄청난 그리스도의 사랑으로 100여 명의 교수들과 그 가족들(자녀들까지도)을 섬겨 주었다. 중보기도팀은 우리가 리트릿을 하는 동안 그 모임을 위해 계속 기도해 주었다.

  특별히 두 가족이 우리를 먹이기 위해서 LA에서 모든 음식과 재료들(140여 명이 5박 6일간 먹을 음식)을 유-홀(U-Haul) 트럭에 싣고 20여 시간을 쉬지 않고 운전해서 거기까지 가져왔다. 그들이 브랙큰리지에 도착해서 트럭에서 짐을 내리는 것을 보았을 때 나는 감격해서 눈물을 흘렸다. 너무나 충격적인 헌신의 모습을 보았다.

  우리가 처음 JAMA ISS 비전을 받았을 때는 하나님께서 우리를 어떻게 인도하실지 전혀 알지 못했다. 다만 이것이 하나님의 소원인 것을 확신하고 이 하나님의 소원이 이루어지기를 기도하면서 그 흐름에 발을 디뎌놓았을 뿐이었다. 우리는 안종혁 교수님과 리더십 팀을 중심으로 3년 동안 매년 소규모의 교수 리트릿을 가지며 한 걸음 한 걸음을 내디뎠다. 하나님의 때가 되매 드디어 LA 온누리교회와 JAMA ISS가 그리스도 안에서 한 비전으로 동맹을 맺고 이 역사적인 모임을 갖게 된 것이다. 이 일을 생각할 때 지금도 감사와 감격의 눈물이 흐른다. 가슴이 뛴다.

그 모임은 첫날부터 은혜가 충만했다. 교수들은 말씀에 큰 도전을 받았으며 그들은 회개했다. 그리고 위로부터 부어주시는 은혜와 능력을 경험하면서 자신들을 주님께 드려 헌신했다. 우리는 생명력 있는 변화와 우리 가운데 성령님의 충만한 임재를 경험했다. 아무리 크리스천이라고 하지만 교수들이 눈물 콧물을 흘리면서 회개하고, 통성으로 기도하고, 또 춤을 추며 찬양하는 모습은 참으로 보기 드문 광경이었다. 이것은 예수님을 통한 회개요 각성이요 부흥이었다.

2003년 1월 2일부터 3박 4일 동안에는 LA 온누리교회의 초청으로 전국에서 40여 명의 ISS 교수들이 내적 치유 리트릿에 참가했다. 유진소 목사님과 LA 온누리교회 내적 치유 사역팀의 섬김을 받으며 하나님의 엄청난 은혜의 시간을 가졌다. 이 리트릿을 통해서 교수 부부들이 다시 한 번 깊은 치유와 변화의 삶을 체험하게 되었다.

JAMA ISS가 LA 온누리교회와 파트너십을 시작할 때 나는 큰 감동을 받았다. 그것은 유 목사님과 LA 온누리교회가 이 파트너십을 통해서 모든 교수들과 유학생들을 LA 온누리교회 교인으로 만든다거나 다른 어떤 교회의 이기적인 유익을 얻겠다는 그런 동기에서가 아니고 온누리교회(All Nations Church)라는 이름 그대로 열방에 대해 부담감과 열방을 주께 드리고자하는 순수한 비전과 열망으로 이 일을 결정했다는 것이다. LA 온누리교회와 유 목사님은 오직 하나님 나라의 차원에서 열방을 향한 예수 그리스도의 지상명령을 이루기 위해 필요한 모든 것을 투자하겠다는 마음으로 이 결단을 내린 것이다. 얼마나 아름다운 일인가! 우리가 오직 한 목적 곧 하나님의 소원을 함께 이루고자하면 우리는 얼마든지 아름다운 파트너로 일할 수 있다고 믿는다.

유 목사님은 하나님 편에서 우주적이고 세계적인 퍼스팩티브(Global perspective)를 가지신 분이다. 유 목사님과 안 교수님과 교수 리더들(steering committee), 그리고 대학가 목사님들이 계속해서 크리스천 교수들을 초청해서 같이 훈련을 받으면서 이 비전과 사명을 나눌 것이며 점점 세계적인 네트웍으로 확대해 나갈 것이다. 대학 교수들로 하여금 이 사명에 헌신하게 해서 그들을 통해서 세계에서 온 유학생들을 변화시키고 그들을 그리스도의 제자 삼는 훈련

콜로라도에서 열렸던 ISS 리트릿에서 찬양하는 교수들

을 계속해서 집중적으로 해 나갈 것이다. 유 목사님을 비롯한 JAMA ISS 리더들은 이렇게 해서 변화된 세계 유학생들을 그리스도의 대사로 훈련시키는 컨퍼런스를 계획하고 있다. 이 훈련 집회가 앞으로 30년 동안 계속되었을 때 세계에 미칠 영향이 얼마나 클 것인지 상상해보자!

"오, 하나님. 유 목사님과 온누리교회, 그리고 안종혁 교수님, 박동진 교수님, 유영진 교수님, 고동훈 교수님, 박혜성 교수님, 황규민 교수님, 김 종 목사님 등의 리더십 위에, 그리고 지금까지 4차에 걸쳐 훈련받은 모든 교수들에게 하나님의 크신 부흥을 주옵시며 주님의 생명력으로 충만케 하셔서 그들이 세계 유학생들을 다 주님께로 인도하는데 헌신할 수 있도록 복을 주옵소서. 이 땅의 모든 크리스천 교수들을 각성시키고 일으켜서 주님의 소원을 이루는 도구로 사용해 주옵소서. 우리를 한국 유학생으로 미국에 오게 하신 하나님께, 그리고 이 비전을 우리 크리스천 교수들과 LA 온누리교회에게 하나님의 소원으로 주신 하나님께 찬송과 영광과 존귀와 감사를 드립니다. 아멘."

Korean Diaspora :
170여 개 국에 살고 있는 600만 명의 교포 자원

우리는 유구한 역사를 자랑한다. 그러나 생각해보면 우리 한민족은 세계에서 가장 많은 고난과 가난과 핍박과 억울함을 당한 민족의 하나이요 우리는 5천년 동안 수많은 외침과 내란을 겪으면서 가슴에 우리만의 독특한 한(恨)을 안고 살아온 한 많은 민족이다. 우리는 지금까지도 세계에서 유일한 분단국가로 남아있다. 아직도 1천만 명 이상의 이산가족이 형제와 부모와 친척의 생사를 모른 채 간장을 에이는 아픔의 나날을 살아가고 있다.

이러한 고난의 역사를 겪으면서 수많은 우리 민족의 아들딸들은 살 기회를 찾아 조국을 떠나 먼저는 중국과 러시아 연해주로, 그리고 하와이로, 심지어는 멕시코 등지로 갔다. 어떤 사람들은 자의로 조국을 떠났지만 어떤 사람들은 강제로 떠났다. 그 중에는 수많은 사람들이 일본에 강제로 징집되어 노동자로 끌려갔고 또 일본 군인들의 위안부로 잡혀갔다.

6·25 이후 특히 60년대부터는 많은 한인들이 브라질, 파라과이, 독일, 미국, 캐나다, 호주, 뉴질랜드 등 이민이 허용된 나라로 떠나갔으며 그 이후 계속해서 세계 많은 나라로 옮겨갔다. 잘 살아보겠다고 떠나간 것이다. 또 1988년 세계 올림픽 대회가 서울에서 개최된 이후 한인들의 세계 각국으로의 진출이(사업을 포함해서) 엄청나게 증가했다. 결국 지금은 170여 국가에서 600여만 명의 우리 교포들이 삶의 둥지를 틀고 있다.

그들의 상황을 분석해보면 대개 다음과 같은 사실을 발견할 수 있다.

첫째, 우리 한인 교포들은 전 세계에서 가장 넓게 퍼져있다. 전 세계에 가장 많이 살고 있는 교포 수는 중국인이 제일 많고 그 다음이 인도사람, 유태인, 스페인계, 그리고 우리 한국인이다. 우리가 다섯 번째이다. 그러나 분포상으로 보면 우리 한인 교포들이 어느 민족보다 가장 넓게 퍼져 있다. 세계 170여 개 국에 퍼져서 살고 있다.

둘째, 우리 한인 교포들은 세계 강대국에 집중적으로 분포되어 있다. 미국과 중국과 러시아와 일본에 각각 80만 명 이상의 우리 교포들이 살고 있다. 우리 한인 교포 외에 어떤 민족의 교포도 이 네 나라에 그렇게 많이 살고 있지 않다.

셋째, 한인 교포들은 교육 수준이 높으며 따라서 대단한 실력을 갖추고 있다. 우리 교포들과 특히 우리 자녀들은 북미, EU, 아시아(특히 일본), 러시아, 남미, 그리고 세계 많은 나라의 우수한 대학에서 교육을 받았고 지금도 받고 있다. 수많은 실력자들이 배출되고 있다.

넷째, 우리 한인 교포들은 세계 어느 나라, 어떤 환경에도 잘 적응하여 경제적으로 부유한 삶을 누리고 있다. 우리 교포들은 세계 어느 나라에서도 사업을 잘 하는 민족으로 알려져 있다.

다섯째, 한편으로 우리의 모국 한국은 세계에서 커뮤니케이션 시스템(Communication system), 특히 텔레콤(telecom)이 가장 발전한 나라 중 하나로 세계에서 텔레콤을 가장 많이 사용하고 있다.

여섯째, 한국은 세계 역사상 가장 짧은 기간에 가장 많은 크리스천이 폭발적으로 증가한 나라이다.

일곱째, 그 결과로 우리 한인 교포들은 어느 나라 교포 사회와 비교할 수 없을 만큼 전 세계 각국에 가장 많은 교포 교회를 세웠다. 지금도 세우고 있다. 세계에서 가장 많은 다양한 인종이 살고 있는 미국에도 한인 교포만큼 교회를 많이 세운 교포 사회가 없다.

여덟째, 현재 한국 교회와 교포 교회들은 대단한 선교 열정을 가지고 세계에서 두 번째로 많은 선교사를 열방에 보내고 있다.

마지막으로, 그러나 한 가지 안타까운 점은 우리 한인 교포들이 세계 많은 나라에서 다른 민족의 교포들과 비교할 때 존경받지 못하고 있다는 사실이다. 이점은 나중에 다루겠다.

나는 이런 사실들을 보면서 하나님께서 우리 코리언을 세계 수많은 나라에 퍼뜨린 것은(어떤 때는 강권적인 방법을 사용해서라도) 결코 우연이 아니라 하나님의 특별한 뜻과 계획임을 믿는다. 사도행전 1장 8절의 "땅 끝까지"를 영어 성경에는 "to the ends of the earth"로 표현하고 있다. 즉 땅의 "한쪽 끝"만을 의미하는 것이 아니고 땅의 "끝들"까지를 의미한다. 전 세계의 이 땅 끝들에 우리 한인 교포 크리스천들이 다 살고 있다. 그들은 그곳에 그리스도의 교회를 세우고 복음을 전하고 있다. 세계 땅 끝 곳곳마다에 흩어진 우리 한민족 크리스천을 통해서 예수 그리스도의 지상명령의 성취를 마무리 짓겠다는 것이 하나님의 소원이시다.

그동안 나는 세계 여러 나라들을 방문하면서 그 나라의 지도자들과 학자들을 만나 회의도 하고 발표도 하고 대화를 나눌 수 있는 기회를 많이 가졌다. 뿐만 아니라 나는 세계 여러 나라에 사는 우리 한인 교포 교회 목회자들과 현지 선교사들, 그리고 교포 사회 리더들도 많이 만났고, 현지 한인 교포들과 대학생들, 그리고 1.5세, 2세 혹은 3세 청소년들을 위한 집회도 많이 했다. 나는 이러한 만남들을 통해서 하나님께서 세계에 퍼져 있는 우리 한인 크리스천들을 통해서 주님의 지상명령 성취를 마무리 지으려고 하시는 하나님의 소원을 재확인 할 수가 있었다. 예수 그리스도의 지상명령 성취 차원에서 나는 엄청난 인적 자원과 그들이 가진 실력을 발견할 수 있었다.

내가 세계를 돌아다니면서 보고 듣고 느낀 것을 다 기록하려면 끝이 없을 것 같다. 다만 몇 가지 에피소드를 소개한다.

EU를 비롯한 유럽 교포의 잠재력(Potential)

상당수의 한인 교포들이 EU(독일, 프랑스, 영국, 이태리 등 15개국)를 비롯한 전 유럽 국가에 살고 있다. 많은 한국 유학생들도 유럽 각국의 우수한 대학과 대학원에서 공부하며 살고 있고 상당 숫자의 주재원들도 가족과 함께 업무나 사업차 파견되어 그곳에 살고 있다.

독일의 경우를 보면 70년대 광부와 간호사로 그곳에 이민 와서 정착했던 그들이 현재 한인 교포 사회를 이루고 있다. 이제 그 2세 자녀들이 대학을 졸업하고 훌륭한 전문인으로 활동하기도 하고 대학과 중·고등학교를 다니면서 우수한 실력을 과시하고 있다. 나는 몇 차례 그들 2세 젊은이들을 위한 집회를 인도하면서 그들이 가지고 있는 대단한 가능성을 발견하였다.

영국은 특별한 경우를 제외하고는 정부가 외국인들에 대해서 시민권을 발급해주지 않는다. 그러나 영국에 오랫동안 거주하고 있는

영국 교포 기독학생들과 함께

우리 교포 자녀들과 유학생들과, 그리고 주재원들의 자녀들이 유명한 대학교에서 대단한 실력을 쌓아 가고 있는 것을 나는 보았다.

프랑스, 이태리의 경우도 마찬가지이다. 스웨덴과 덴마크, 그리고 노르웨이 등지에서도 우리 교포들은 주로 전문적인 직업을 갖고 있으며 그 자녀들은 아주 뛰어나게 공부를 잘하고 있다.

그들은 언어에 있어서도 대단히 뛰어난다. 그들이 살고 있는 나라의 언어는 물론이고 대부분 몇 개 언어를 유창하게 구사한다. 특히 독일 교포 자녀들은 적어도 4개 언어는 모국어(mother tongue)처럼 구사한다. 독일어는 물론이고 한국어와 영어(그들은 영어를 초등학교 3학년 때부터 배운다), 그리고 프랑스어는 자유롭게 구사한다. 어떤 젊은이들은 이 외에 서반아어와 러시아어 혹은 다른 유럽 언어들까지도 유창하게 말하는 것을 보기도 했다. 모든 면에서 잘 준비된 젊은이들이요 우리 교포 자녀들이다.

그러나 나는 다른 한편으로 그들 중에 우리의 자녀들이 인종차별과 다른 여러 제약들 때문에 주류 속에 들어가기가 어려우니까 자신들의 삶만 위해 열심히 노력해서 개인적으로 안정된 삶을 누리면 될 것 아니냐고 생각하는 젊은이가 많은 것을 알게 되었다.

그러나 이 보물들을 그대로 묻어둘 수는 없지 않은가? 인종 차별이 심하고 주류 속에서 인정받기가 어려운 것이 사실이지만 그렇다고 그들을 삶의 분명한 비전도 없이 그대로 둘 수는 없지 않은가? 우리는 하나님의 관점에서 이 보물들이 어떻게 가장 가치 있게 전략적으로 쓰임 받을 수 있는지를 보아야 한다.

요셉이 처음 노예로 팔려 가 시위대장 보디발의 집에서 종살이를 할 때 그가 받았을 인종차별을 생각해보자. 그리고 에스더가 자랄 때 모르드개를 비롯한 유대인 1세들이 남의 땅에서 받았던 인종차별을 상상해보자. 하만 장군이 모든 유대인 교포들을 다 죽이기로 계획하지 않았는가? 다니엘은 어떠했던가? 전쟁 포로로 끌려갔을 때 그도 말할 수 없는 치욕과 인종차별을 받았음에 틀림없다. 또 이방인들을 위해서 인생 전체를 바쳐 헌신했던 사도 바울이 이방인들에게 복음을 전할 때 죽을 고비를 몇 번이나 넘기면서 얼마나 핍박을 당했는지 우리는 잘 알고 있다. 우리는 지금 요셉 같은 노예로,

하나님의 소원을 이루기 위하여

다니엘 같은 전쟁 포로로, 사도 바울 같은 죄수로, 또는 모르드개와 에스더 같은 비참한 상황에서 차별 받으며 살고 있지는 않다.

하나님께서 그들을 어떻게 사용하셨는가? 이것은 단순한 소설(fiction)이 아니다. 성경에 기록된 역사(history) 곧 하나님의 스토리(His Story)는 다 사실이며 하나님의 사건들이다(history = His story). 우리가 이것을 단순히 성경 지식으로만 알아서는 안 된다. 지금도 살아서 역사하시는 하나님의 말씀이며 역사적인 사실인 것을 우리는 우리 자녀들에게 확실하게 가르치고 또 그 말씀을 따라 실천하며 살아야 할 것이다. 그리고 우리 자녀들이 비전과 사명을 따라 살 수 있도록 우리가 앞서 가면서 모범을 보이고 그들을 도와주어야 한다.

우리 부모들과 교회 지도자들이 우리 교포 사회 크리스천들과 자녀들을 대 유럽의 발전과 그 세력에 비교해 볼 때 미약하기 그지없는 우리가 유럽 사회에 무슨 영향을 줄 수 있겠는가 하고 과소평가 할 수 있을 것이다. 그러나 이것은 우리가 소수민족이라는 인간적인 차원에서 본 패자적인 정신 구조이다. 우리 1세 교포 크리스천 부모들과 교회 리더들이 이 패러다임을 속히 바꾸어야 한다. EU와 유럽 각 나라의 주인이 우리 하나님이시다. 우리가 EU와 유럽을 향한 하나님의 소원을 우리의 사명으로 받고 여기에 헌신해서 전적으로 하나님을 의지하며 그의 영광을 위해 최선을 다한다면 하나님의 초자연적인 능력 안에서 불가능이 가능으로 바뀌는 놀라운 역사를 체험할 것이다. 문제는 믿음과 비전이다. 그리고 하나님의 소원을 각성하는 일이며 그 하나님의 소원에 대한 헌신과 열정이다.

우리가 유럽을 향한 하나님의 소원을 이루기 위해서는 첫째로, 우리 크리스천 부모들과 자녀들이 자신들이 살고 있는 나라와 유럽 전체를 그리스도의 심장으로 자신들의 심장에 안고 사랑해야 한다. 물론 자신들의 죄도 회개할 뿐 아니라 자신이 사는 나라와 유럽의 죄를 내 죄로 알고 솔선해서 하나님께 회개하며 중보해서 기도해야 한다. 그렇게 함으로써 하나님의 자녀요 후사인 우리 부모들과 자녀들이 자신들이 살고 있는 나라와 유럽에 전체에 대한 오너쉽을 갖고 주인으로서의 삶을 살 수 있을 것이다. 하나님께서 유럽을 지으셨으니 하나님의 자녀인 우리가 유럽의 주인이 아니고 누가 그 땅의 주인이겠는가? 그 나라에 태어나서 그 나라에서 산다고 주인인가? 그렇지 않다고 본다. 자기가 살고 있는 나라를 예수님의 심장으로 사랑하고 중보해서 기도하며 희생을 각오하면서 가꾸는 사람이 주인이다. 설사 그들이 인종차별을 한다 해도 그것이 문제가 아니다. 요셉처럼, 다니엘처럼 그들을 그리스도의 심장으로 사랑하고 돌보며 함께 나누면서 희생하자. 요셉과 다니엘 같이 우리가 그 땅에 삶으로 말미암아 우리 때문에 그 나라와 그 나라 사람들이 하나님께로부터 복을 받게 하자.

둘째는, 특히 EU에 살고 있는 크리스천 부모들과 교회 지도자들은 우리 자녀들을 주류에 영향력 있는 실력자로 키우기 위해서는 먼저 그들이 중생을 체험하고 변화하도록 도와야 한다. 그리고 EU 전체의 흐름을 보면서 전략적으로, 의도적으로(strategically, intentionally) 전공 분야를 택해서 공부하고 연구하도록 해야 한다.

EU 나라들은 누구든 전문 지식과 실력이 뛰어나면 그들을 크게 인정하는 전통을 가지고 있다. 왜냐하면 뛰어난 전문 지식과 실력이 자국의 발전에 큰 공헌을 할 수 있기 때문이다.

나는 우리 1세 크리스천 부모들과 교회들이 우리 크리스천 자녀들과 유학생들에게 장래 EU와 다른 유럽 국가들에 큰 영향을 줄 수 있는 분야들(예를 들면 과학, 기술, 의학, 법률, 텔레콤, 교육, 문학, 예술 등)을 하나님이 주신 비전 안에서 선택하게 해서 모르드개가 에스더를 전략적으로, 의도적으로 키웠듯이 그들을 최고의 전문성 있는 실력자로 키우는데 힘을 모아 투자해야 한다. 30년 후를 생각해보자. 그들이 우수한 실력을 가지면 그들은 유럽 주류에 큰 영향력을 주며 살 것이다. 그 때는 우리 자녀들이 차별을 받지 않고 요셉이 바로 왕에게 인정을 받고, 다니엘이 느부갓네살 왕에게 인정을 받았던 것처럼 그들은 주류의 인정을 받을 뿐 아니라 자자손손이 주님이 오시는 그 날까지 그리스도의 사신으로 큰 영향력을 발휘하며 살 것이다.

셋째는, 이제는 유럽 크리스천 교포들이 유럽의 영적 각성과 부흥을 위해서 불쏘시개가 되자는 것이다.

우리 자녀들 중에서 21세기의 성 어거스틴, 마르틴 루터, 요한 웨슬레, 조지 휫필드, 존 낙스, 존 칼빈, 스펄전, 그리고 사도 바울 같은 인물이 나와 유럽의 영적 타락을 각성시키며 다시 한 번 유럽이 그리스도로 부흥하는데 주역을 담당하자는 것이다. 유럽 여러 나라들이 한 때는 그리스도를 중심으로 해서 세계에 큰 영향을 주었다. 그러나 오늘의 유럽은 영적으로 침체되어 있어 새로운 각성과 부흥이 절대로 필요하다. 우리가 그 불쏘시개가 되자는 것이다. 우리 소수 민족의 크리스챤 교포가 어떻게 그 사명을 감당할 수 있을까 불가능하게 보일 것이다. 그러나 하나님께서 우리와 함께 하시면 세상이 어떻게 하겠는가?(시 118:6) 우리 교포 크리스챤들부터 먼저 회개하고 변화하여 유럽의 영적 부흥을 위해서 합심하여 계속 중보기도하면 하나님께서 유럽에 사는 우리 한인 교포 크리스챤들을 통해서 유럽에 다시 그리스도의 각성과 부흥을 일으키실 것이다. 사람으로서는 불가능하지만 하나님으로서는 모든 것이 가능한 것을 믿는 것이 믿음이다.

우리 한인 교포 교계 리더들이 유럽 각국 교계 지도자들을 만나서 유럽의 영적 각성과 부흥을 위해서 같이 회개하며 기도하자고 담대히 제안한다면 그들이 대단한 감동과 충격을 받을 것이다. 우리가 믿음으로 시작하면 하나님께서 성령님을 통해서 역사하실 것이다. 우리의 자녀들을 유럽을 부흥시키는 변화의 사신(transforming ambassadors)으로 만들자. 하나님께서 크게 기뻐하실 것이다.

넷째는, 우리 교포 자녀들과 유학생들을 주님의 지상명령 성취하는 선교 자원으로 동원하자는 것이다. 앞에서도 언급했지만 유럽에 살고 있는 우리 교포 자녀들은 세계 어느 교포 자녀들보다도 여러 언어를 구사한다. 선교적 측면에서 볼 때 이들은 참으로 소중한 엄청난 자원이다. 결코 우연히 만들어진 일일 수가 없다. 그 안에 하나님의 놀라운 계획과 섭리가 있다고 믿는다.

아프리카 대륙에서 원주민들의 말을 제외하고 가장 많이 사용되는 언어는 불어, 독어, 영어, 서반아어, 포르투갈어이다. (물론 원주민들의 말을 아는 것이 복음을 전파하는데 절대로 중요한 매개체이다) 그런데 유럽에 사는 우리 교포 자녀들은 이 모든 말들을 유창하게 구사할 수 있으니 그들이 아프리카와 유럽 자체(동구라파, 구소련 위성국가 등)를 위해서 얼마나 크게 선교의 자원으로 사용될 수 있겠는가를 상상해보자. 우리 자녀들이 그들에 대한 하나님의 섭리와 소원을 깨닫고 선교에 소명만 받는다면 그들은 주님의 지상명령을 이루는데 참으로 놀랍게 쓰임 받을 수 있을 것이다.

2002년 봄에 독일에서 유럽 JAMA 대회가 청년·대학생과 고등학생을 중심으로 열렸다. 그때 우리는 브라질 포르투갈 언어권에서 우리 1.5세, 2세와 브라질 원주민을 위해서 목회하시는 고영규 목사님을 스피커로 보냈다. 독일을 방문했던 고영규 목사님은 독일에서 자란 실력 있고 신앙이 돈독한 우리 교포 젊은이들을 보고 크게 감동을 받았다. 그 만남을 통해서 고 목사님은 그들을 동원해서 브라질 남쪽에 살고 있는 독일계 브라질 사람들에게 복음을 전할 사명을 발견했다.

생각해보자. 우리 독일 교포 젊은 전문인 크리스천들과 대학생, 대학원생들이 우리 브라질 교포 크리스천 젊은이들(Korean-Brazilian Christian)과 협력해서 브라질에 사는 독일계 주민들에게 독일어와 포르투갈어로 복음을 전한다면 얼마나 놀라운 역사가 일어나겠는가? 유럽 한인 교포 크리스천들을 통한 유럽과 남미의 세계 선교 네트워킹! 이것은 하나님께서 숨겨두신 큰 비밀이며 섭리라고 할 수밖에 없다.

사실은 이러한 것들은 몇 차례 방문을 통해 보고 느낀 나보다도 현지에 사는 크리스천 교포들과 그곳에서 교회를 섬기는 목회자들이 훨씬 더 많이 느끼고 더 잘 알 것이다. 그러나 하나님께서 나에게 큰 부담을 주시며 하나님의 간절한 소원으로 보여주셨기에 이 하나님의 소원을 같이 나누자는 것이다.

하나님께서 우리 한인들을 유럽에까지 옮기신 것은 단순히 우리 교포들과 그 자손들을 잘 먹고 잘 살게 하기 위해서나 우리 교포 사회를 그 나라의 한 마이노리티 사회로 현상 유지하게 하면서 비전 없이 살아가게 하는데 그 목적이 있다고 생각하지 않는다. 내가 믿기로는 우리 교포 크리스천들을 통해 유럽의 신앙을 회복시키고 그 땅을 부흥케 하기 위한 하나님의 소원을 이루기 위해서이다. 하나님께서 전략적으로 우리 자녀들을 유럽 전체에 영향력을 발휘할 수 있는 실력자들로 키워서 그들로 하여금 유럽의 엄청난 자원을 동원하여 마지막 때에 이 땅에 예수 그리스도의 지상명령을 성취하도록 하기 위해서 우리 교포를 그 곳에까지 보내서 살게 하셨다고 나는 분명히 믿는다.

하나님 편에서 볼 때 우리 크리스천 자녀들은 참으로 귀한 감춰진 보물들이다. 이 보물들이 인종차별이라는 벽에 부딪혀 비전 없이 숨이 막혀 부르짖는 소리에 우리는 귀를 열어야 한다. 우리 교포 부모들과 교회 리더들은 그들의 절규를 그리스도의 심정으로 들어야 한다. 우리는 그들이 위에서 언급한 네 가지의 사명을 다 이룰

하나님의 소원을 이루기 위하여

수 있도록 그들을 복음으로 사랑으로 구별해서 양육해야 하며, 그들을 크게 세우는 일을 위해서 최선을 다해서 기도하고 격려하고 도와야 한다. 우리는 그들을 위해서 적극적으로 투자해야 한다. 우리의 마음을 정하고 행동으로 옮기자.

"하나님! 유럽에 우리 한인 크리스천 교포들을 보내주심을 감사합니다. 그들과 그 자녀들을 통해서 주님의 몸 된 교회를 세우시고 그들을 말씀으로 붙들어 주심을 감사합니다. 하나님! 하나님께서 구별해서 준비하신 그들을 이 마지막 때에 사용하여 주옵소서. 그들의 눈을 열어 하나님의 그들에 대한 소원과 비전을 보게 하옵소서. 그들이 유럽을 가슴에 품고 사랑하고, 회개하며 기도하게 하옵소서. 유럽을 그들에게 붙여주셔서 그들이 오너쉽을 가지고 유럽의 영적 대부흥을 이루게 하옵소서. 그들을 변화의 사신으로 사용하셔서 그들을 통해 전 유럽이 변화되게 하옵소서. 나아가 그들을 세계 선교의 큰 도구로 사용해 주옵소서. 하나님! 이 소원을 보여주신 것을 감사합니다. 이 착한 일을 시작하게 하신 하나님을 찬양합니다. 존귀와 영광을 하나님께 돌리나이다. 아멘."

카자흐스탄과 중앙아시아, 왜 우리 민족을 그곳까지 보내셨을까?

2000년 7월, 나는 카자흐스탄 정부의 초청을 받아 카자흐스탄을 방문했다. 독일 프랑크푸르트에서 집회를 갖고 우여곡절 끝에 기적적으로 비자를 받아 토요일 밤 늦게 카자흐스탄에 도착했다. '실크로드 2000(Silk Road 2000)' 대회가 진행되고 있었다. 인터쿱(Intercoop)이 많은 선교단체들과 연합해서 가진 중앙아시아 역사상 가장 큰 규모의 크리스천 선교대회이다. 공식적으로는 '국제 문화 대회' 라는 이름으로 열렸다. 이 대회를 준비하는 과정에서 카자흐스탄 정부는 정부가 이 대회를 허락하는 대신 정부가 얻을 수 있는 유익(benefits)을 요구했다.

주최측은 궁리한 끝에 그들에게 두 가지를 제안했다. 하나는 다음 해인 2001년에 인터쿱(Intercoop)이 카자흐스탄을 위해서 국제 문화 학술 대회를 열어주는 것이었고, 다른 하나는 실크로드 2000 대회 중에 김춘근 교수를 초청해서 카자흐스탄 정부 리더들을 대상으로 국가 차원의 자유시장 경제개발전략 세미나를 해주겠다는 것이었다. 카자흐스탄 정부는 이 제안을 받아들여 알마티 스타디움에서 2만 명이 모여 집회할 수 있도록 허락을 해주었다고 한다.

나는 이 소식을 이수영 목사님(포틀랜드 빌리지 침례교회 한어부 담당 목사님이시며 JAMA 텐트메이커 디렉터. 그는 매년 50~100명 정도의 단기 선교팀을 인솔해서 카자흐스탄과 아시아 지역 선교를 하고 있다)을 통해서 들었다. 이 목사님은 내가 실크로드 2000을 위해서 인질이 되었으니 꼭 와서 카자흐스탄 정부 고관들을 위해서 세미나를 해주도록 강력히 부탁했다. 재미있는 홍정이었다.

나는 어차피 아내와 함께 독일에 집회를 가야 했기 때문에 기꺼이 수락을 했다. 우리는 프랑크푸르트에 있는 카자흐스탄 영사관에서 비자를 받을 생각을 하고 가벼운 마음으로 독일로 떠났다. 프랑크푸르트 사랑의교회(김영구 목사님)에서의 모든 집회를 하나님의 크신 은혜 가운데 마쳤다. 나는 프랑크푸르트 주재 카자흐스탄 총영사관에 들리면 비자를 준다는 연락을 받고 금요일 오전에 틈을 내서 총영사관을 찾아갔다. 나는 토요일 아침에 출발하도록 되어 있었다. 그런데 문제가 복잡해졌다. 공교롭게도 내 초청장이 미국 워싱턴에 있는 카자흐스탄 대사관으로 보내졌다는 것이다. 다시 초청장을 요청해서 받기에는 시간상 불가능한 일이었다.

두 번이나 영사관을 방문해도 다른 방법이 없었다. 나는 카자흐스탄 방문을 포기하고 카자흐스탄에서 대회를 진행하고 있는 오정환 박사에게 이 사실을 알렸다. 오 박사는 즉시 카자흐 대통령의 동서인 국제관광공사 총재(실크로드 2000은 문화 행사로 등록 되어 그의 주관 아래 있었음)에게 연락을 취하여 도움을 요청했다. 관광공사 총재가 외무부 장관을 동원해서 프랑크푸르트 총영사관이 나에게 비자를 발급해주도록 직접 긴급지시를 내렸다. 나는 금요일 오후 이미 영사관 업무가 끝난지 2시간이나 지난 후에 비상조치로 비자를 받게 되었다. 나는 다음날 아침 일찍 프랑크푸르트를 떠나 밤 늦게 알마티에 도착했다.

주일에는 주민호 선교사님이 섬기는 카자흐교회에서 말씀을 전했다. 열정적인 예배였다. 나도 무척 열정적으로 예배를 드리는 사람이라고 생각했지만 그들은 더 대단했다. 나는 월요일 오전 예정대로 카자흐스탄 정부 고관들을 위해서 자유시장 경제개발전략 세미나를 했다. 세미나를 끝내고 우리는 같이 점심식사를 나누었다.

대통령 동서인 국제관광공사 총재, 카자흐스탄 정치 제 2인자인 알마티 주지사, 그리고 부지사와 대통령 보좌관과 행정부 리더들이 참석했다. 인터쿱 대표인 최 교수(한동대 교수)가 점심을 대접했다. 식사를 끝내고 후식을 먹으면서 알마티 주지사가 나에게 말했다. "하늘에 떠가는 구름도, 공중에 나는 새도 비자 없이 모든 국경을 마음대로 넘나드는데 왜 인간들에게는 국경을 넘을 때마다 꼭 비자를 받아야 하는 제약이 주어졌는지… 김 교수님, 비자 때문에 고생하셨지요? 하마터면 못 만날 뻔했습니다."

그는 그렇게 말문을 열더니 아주 충격적인 역사적 사건을 나에게 전해주었다.

"김 교수님, 카자흐스탄에 사는 고려인 교포들은 지금 어느 인종보다도 잘 살고 있습니다. 그들이 여기에 이주된 내력을 아십니까? 그들은 1937~1938년에 스탈린의 명령에 의해서 다른 소수민족들과 함께 러시아 극동(당시는 소련의 극동)으로부터 강제로 이곳 중앙아시아 지역에 이주시키고 있었습니다. 그때 그들은 추운 겨울에 기차 곳간차에 실려서 수천 마일 떨어진 카자흐스탄과 우즈베키스탄 등 중앙아시아로 수송되었습니다. 곳간차는 여기저기 많은 구멍이 뚫린 데다 곳간차 안에 불을 피워주지 않아서 그들 중에 수많은 사람들이 수송 도중에 얼어 죽었습니다. 우리는 역사에 남을 잊을 수 없는 장면들을 목격했습니다…."

"알마티에 도착한 곳간차를 열어 보니까 각 곳간차마다 가장 나이가 많은 노인들이 가장 바깥에 서클(circle)을 이루고 앉아서 얼어 죽어 있었습니다. 안쪽으로 그 다음 서클에는 그 다음으로 나이가 많은 중노인들이 언 채로 죽어 있었고, 또 그 다음 서클에는 어른들이 서로를 껴안고 얼어 죽어 있었습니다. 그들은 젊은이들과 청소년, 어린아이들을 살리기 위해서 자신들의 몸을 덮개 삼아 세 겹, 네 겹 두르고 그들의 몸에서 온기가 다 빠져나갈 때까지 젊은 자녀들을 껴안아 살렸습니다. 그것은 너무도 비참한 광경이었지만 우리를 크게 감동시켰습니다…."

"살아남은 고려인들이 우리 카자흐스탄에 정착하게 되었습니다. 그들은 얼마나 생활력이 강하고 부지런했던지 그들이 정착한 곳마다 놀라운 일들이 일어났습니다. 자갈밭에서도 얼마가 지나면 포도가 재배되고, 황무지에서도 참외와 수박과 채소들이 풍성하게 소출되었습니다. 우리는 그들의 강인한 삶을 보면서 감탄을 했었습니다. 지금은 고려인들이 생산하는 과일과 채소의 품질이 두드러지게 좋아서 그들의 생산품은 주로 모스크바에 수출되고 있습니다. 고려인들은 정말 부지런하고 성실합니다. 지금 우리 카자흐스탄에서 어느 민족보다도 잘 살고 있습니다."

"초창기 고려인들이 정말 어려운 상황에서 고생할 때 우리 카자흐 사람들은 전혀 인종차별을 하지 않았습니다. 소련 통치 하에서 우리 생활도 굉장히 어려웠지만 우리는 모든 것을 그들과 같이 나누어 먹었습니다. 김 교수님, 지금은 우리가 한국과 미국의 도움을 필요로 합니다. 우리를 도와주십시오."

그는 나에게 간절히 부탁했다. 그렇게 비참하게 죽어간 우리 동포들을 생각할 때 가슴이 찢어지는 것 같아 눈물이 났다. 그러나 한편으로 하나님께서 이렇게라도 해서 우리 민족을 세계 각국에 퍼뜨려 우리 민족을 통해서 소원을 이루려고 하시는 하나님의 아픈 마음과 그 뜻을 깨달을 수 있었다. 나는 잠시 말문이 막혔다.

여자 부지사가 "금년 봄, 그때 비참하게 죽었던 그들을 기리는 기념비를 세 봉우리가 있는 산 아래에 세웠습니다. 우리 정부가 땅을 제공하고 한국 정부가 기념비를 세우는 비용을 부담했습니다."라고 전해주었다.

나는 카자흐스탄 정부 지도자들에게 정중하게, 그리고 진심으로 나의 고마운 마음을 전하고 우리 미국 교포와 한국과 카자흐스탄이 힘을 합해서 카자흐스탄 발전과 부흥을 위해 최선을 다하자고 약속했다.

땅 끝 곳곳까지 그리스도의 복음을 전하고 싶은 하나님의 소원이 얼마나 간절했기에 우리 한민족을 꽁꽁 얼려 죽이면서까지 카자흐스탄을 비롯한 중앙아시아 여러 나라에 강권적으로 보내셨을까? 이렇게 희생된 우리 조상들의 한을 카자흐스탄뿐만 아니라 중앙아시아 전체, 그리고 모슬렘 국가들까지를 복음화하므로써 풀어주어야 하지 않겠는가? 이것은 우리 한인 크리스천들이 해야 할 사명이요, 중앙아시아의 고려인 크리스천들이 해야 할 사명이며, 세계에 퍼져 살고 있는 한인 크리스천 교포들이 합력해서 이루어 할 사명이다.

카자흐스탄은 지금 중앙아시아 다른 어느 나라보다 비교적 풍성할 뿐만 아니라 정치가 비교적 안정되어 있고 부분적이긴 하지만 기독교를 허락하는 나라이다. 이런 점들을 감안해서 중앙아시아 전체의 선교를 위해서 전략적으로 이 나라를 위해서 투자하는 것은 대단히 중요하다고 생각한다.

이 소원을 이루기 위해서 이미 현지에서 사역을 시작한 인터쿱, 김삼성 선교사님, 주민호 선교사님, 김이고 목사님, 임현수 목사님(캐나다 큰빛교회는 카자흐스탄을 중심으로 대대적인 선교를 하고 있다), 그리고 이수영 목사님과 다른 여러 선교사님들께 큰 경의와 존경을 표한다.

현지 선교사들과 긴밀한 협력관계를 가지면서 한국과 미국과 캐나다와 독일 등지에서 실력 있는 많은 교포 전문인 자비량 선교사들을 그 나라에 파송해서 그곳 젊은 리더들을 훈련시켜 그들과 같이 카자흐스탄 시장경제개발의 인프라 스트락쳐(infra-structure: 인력 자원, 교육, 재정, 경제, 경영, 행정, 교통, 통신, 후생, 법률 등등)를 세우는데 큰 역할을 하자는 것이다.

그리고 장래 리더가 될 수 있는 실력 있는 카자흐스탄과 중앙아시아 젊은이들을 한국, 미국, 캐나다, 오스트레일리아, 뉴질랜드, 구라파 등에서 초청해서 공부시킬 뿐만 아니라 그들을 훌륭한 크리스천 리더로 훈련시켜 다시 카자흐스탄 본국에 보낸다면 그들은 머지 않아 그 나라의 리더가 될 것이며 그들이 중앙아시아 각국에 미치는 영향이 대단히 클 것이다. 이 모든 소원들이 하나님의 때에 이루어질 수 있도록 한국 교회와 교포 교회들이 크게 쓰임 받기를 기도한다.

남미와 중미의 선교 보화를 보라

2000년 5월, 자마 국제 디렉터(JAMA International Director)인 사랑하는 나의 동역자 박수웅 장로님의 소개로 과테말라의 젊은 교포 사업가로 충성되이 주님을 섬기는 임병렬·우경 집사 부부를 교포 1세 크리스천 전문인 리더들을 위한 글로벌 리더십 포럼(Global Leadership Forum-GLF) 리트릿(retreat)에 초청하여 만나게 되었다. 3박 4일 동안 몬터레이 비치 호텔(Monterey Beach Hotel)에서 35명의 크리스천 리더들이 모여 개인적인 변화와 부흥을 체험하면서 비전과 21세기 리더십의 퍼스펙티브(perspective, 시각)를 나누는 시간도 가졌다. 임집사 부부 외에는 모두 미국에서 참석했는데 우리 모두가 임집사 부부에게 특별한 사랑과 애정을 부어주었다. 서로 기도해 주고 격려해 주는 동역자들을 만나게 되었고 계속해서 그리스도 안에서 휄로쉽(fellowship)을 다짐하는 귀한 시간이었다.

GLF에 참석하여 비전을 받은 임집사 부부가 과테말라에 돌아간 후 그들은 즉시로 섬기는 교회의 김상돈 목사님과 그리고 동료 집사님들을 만나 과테말라의 영적 부흥의 중요성을 강조하고, 교포교회의 연합 각성 집회뿐만 아니라 과테말라 원주민 젊은 청년들과 학생들을 위한 과테말라 영적 각성 대회를 갖자고 제의했다. 의논결과 영적 각성 대회의 중요성을 인정하고 과테말라 현지인 교계 리더들과 모임을 가졌다. 그 모임에서 대회를 열기로 결정한 후 나를 강사로 초청했다. 과테말라 기독교 TV는 나와 30분 인터뷰를 하였고, 12월 15일에는 하이엇(Hyatt) 호텔 볼룸(Ball Room)에서 3,000

명의 과테말라 젊은이들을 모아 새 세대를 위한 각성과 부흥을 목적으로 집회를 했다. 수백 명의 교포 교인들도 목사님들과 함께 참석하였다.

과테말라 목사협의회와 전국청소년 크리스천협의회에서 주최하고, 교포 교회 목사님들과 임집사님 부부, 그리고 그 동료 크리스천 사장들이 대회 경비를 후원하여 과테말라 역사상 처음으로 그 많은 청소년들이 자신들 세대의 부흥을 위해서 한 자리에 모이게 되었다. 1시간 30분에 걸친 열광적인 찬양은 젊은이들의 마음을 사로잡았으며 젊은이들의 문제를 무언극으로 공연하면서 그리스도만이 그 문제를 해결할 수 있다는 메시지로 수많은 참석자들에게 도전과

과테말라 JAMA 대회에서 찬양하는 교포 찬양팀

감동을 주었다. 우리 교포 경배와 찬양팀을 통해서도 큰 감동을 주었다. 내가 메시지를 전할 차례가 되었을 때 이미 그들의 마음 문은 활짝 열려 있었다. 풀러(Fuller)신학교에서 공부한 과테말라 원주민 '오스카 베니스테' 젊은 목사님이 내 메시지를 통역해 주었다. 말씀 중 한 문장이 끝날 때마다 아멘과 박수가 계속되었다.

말씀을 마친 후에도 1시간 이상 찬양이 계속되었다. 대단한 열정을 가진 민족인 것을 발견했다. 바로 이것이라는 마음의 도전이 있었다. 우리 교포 교회 목회자들과 성도들, 특히 영향력 있는 지도자들이 투자해서 우리 교포가 살고 있는 그 사회의 젊은이들, 주민들, 그리고 리더들을 그리스도의 심장으로 안고 사랑하고 그들을 종의 자세에서 돕고 섬기자는 것이다. 그리하여 그들의 크리스천 영적 리더들과 파트너십을 이루어 그 나라를 복음화하는 것이다. 과테말라가 우리 교포 교회와 크리스천들 때문에 그리스도로 부흥되고 복을 받는다면 과테말라 전체 복음화는 시간문제가 아니겠는가?

하나님께서 먼저 임집사 부부에게 비전을 주시고 또 그 부부가 교회 리더들과 동료 친구들에게 그 비전으로 설득하여 6개월 만에 그렇게 엄청난 역사적인 사건을 가능하게 하신 것을 생각할 때 이것이 어찌 하나님의 계획과 뜻이 아니겠는가? 너무나 감격스러운 시간이었고 우리 한인 크리스천들을 세계 방방곡곡에 흩어져 살게 하고 또 그들을 통하여 이루고자 하시는 하나님의 소원을 다시 한 번 확인할 수 있었다.

하나님께서 우리 한인 크리스천들을 과테말라에 보내어 살게 한 것은 사업의 성공과 생업도 중요하지만 과테말라와 중남미 지역에 그리스도의 대사의 자격으로 보내신 것을 잊어서는 안될 것이다. 우리 교포 크리스천 부모들과 교회들, 특히 사업을 하는 크리스천들이 우리 자녀들과 함께 과테말라의 미래 지도자를 훈련하고 양성하는데 전략적으로 지속적인 투자를 할 수 있다면 얼마나 큰 열매를 맺을 수 있을까. 사업을 통해 얻어진 수익금의 얼마를 같이 모아 과테말라 주민 젊은 리더들을 교육하고 훈련하는데 장기적으로 투자하면서 세계 선교의 전략적인 위치를 차지하자는 것이다.

교포 교회들은 원주민 교회와 파트너십을 형성하고 공동으로 과테말라와 중남미 크리스천들을 위한 영적 부흥 운동을 일으킬 뿐만 아니라 그 부흥의 불길로 전 지역을 변화(transforming)시키는 선교를 담당하자는 것이다. 이것이 바로 JAMA다. 조직이 아니고 운동이다. 예수 각성 운동이다. 하나님의 역사적인 흐름을 타고 성령님이 인도하시는 대로 영적 각성을 위해서 쓰임 받는 운동이다. 우리 교포 크리스천들이 그곳 원주민 크리스천 리더들과 함께 공동으로 협력할 때 얼마나 큰 영향을 줄 수 있는지 그 모임을 통하여 하나님이 우리로 하여금 직접 보게 하셨다.

주님의 지상명령을 과테말라뿐만 아니라 멕시코, 중남미 지역, 그리고 남미 지역까지 담당케 하기 위해서, 그리고 세계 선교를 위해서, 하나님이 우리 한인 크리스천들을 과테말라에 보내셨다는 것을 하나님의 간절한 소원으로 보고 믿어야 하겠다. 하나님께서 나와

과테말라에서 임병렬 · 임우경 집사님 부부와 함께

내 아내에게 임병렬 · 우경 집사를 영적 아들딸로 삼아 우리 심장에 넣고 서로 기도하며 사랑하는 관계로 인도하심을 진심으로 감사드린다.

임병렬 집사님의 회사는 매주 월요일 아침 한 시간 동안 1,000여 명 종업원 모두와 함께 하나님께 예배를 드리고 일을 시작한다. 아침에 예배를 드리는 그 시간이 그 날 하루 일과에 포함되기 때문에 예배드리는 그 한 시간의 임금을 종업원 각자에게 지불한다는 의미이다. 일주일에 종업원 노동의 1,000시간(1,000명×1시간)을 예배를 위해서 바치는 것이다. 과테말라 현지인 목사님이 예배를 인도하고 있으며 종업원들 중 예배를 통해서 예수 그리스도를 영접하는 숫자가 점점 늘어가고 있다. 나는 아내와 같이 종업원들의 밝은 얼굴의 모습을 볼 수 있었고 일하는 장소는 기쁨과 열심의 분위기를 이루고 있었다. 임 집사님 부부는 진정 사업을 통해서 복음을 전하는 그리스도의 대사들이다.

"2000년 5월까지 평생 한 번도 만나지 못했던 우리를 하나님의 계획 가운데 만나게 해주시더니 그들을 통하여 하나님이 크게 역사하실 뿐만 아니라 우리를 부모 자녀 관계로 함께 동역하게 하시는 하나님께 감사와 찬송과 영광을 돌립니다. 하나님! 과테말라와 중남미를 붙여 주시옵소서. 부흥시켜 주시옵소서. 우리 교포 크리스천들과 자녀들과 교회들을 크게 써 주옵소서. 아멘."

브라질, 아르헨티나, 파라과이

1960년대와 1970년대에 수많은 한인들이 대거 브라질, 파라과이, 아르헨티나 등 남미로 이민을 갔다. 한 때는 브라질의 상파울루, 아르헨티나의 부에노스아이레스, 파라과이의 아순시온 등에 거대한 교포 사회가 형성되었다고 한다. 파라과이에 수십만 명 이상의 한인들이 이민을 왔다고 한다. 그 후 남미 교포 대부분이 여러 가지 사정으로 인해 주로 브라질, 미국, 그리고 캐나다로 재이민을 했다.

최근에는 아르헨티나의 극심한 경제 사정으로 많은 교포가 떠났다는 소식을 들었다. 그러나 나는 몇 차례의 방문을 통해 아직도 브라질을 비롯한 남미 여러 나라에 상당수의 교포들이 그곳에서 자리 잡고 안정된 환경에서 중산층 이상으로 살고 있고, 교포 교회를 중심으로 열심히 신앙생활을 하고 있는 것을 보았다. 2세 교포 자녀들도 우수한 성적으로 공부하고 있으며, 특히 젊은 청년 1.5세, 2세들과의 만남을 통해서 실력 또한 탁월한 것을 볼 수 있었다. 그들은 세계 선교의 전략적인 차원에서 볼 때 큰 보화들이다.

나는 박수웅 장로님과 함께 1세 교포 교인들을 위한 개교회 집회, 연합집회를 통하여 열정을 다하여 주님을 섬기는 우리 교포들의 신앙을 보았고, 이민 교회를 위해서 온갖 희생을 아끼지 않고 성도들을 양육하는 목사님들을 만나 보았다. 또한 1세 교회 리더들과 1.5

이과수폭포에서 JAMA 국제 디렉터인 박수웅 장로와 함께

세, 2세, 청장년 리더들과 며칠 간 리트릿을 하면서 그들의 주님을 향한 뜨거운 사랑도 같이 체험할 수 있었다.

브라질, 아르헨티나, 파라과이에서 교포 청소년 1.5세, 2세들을 위해 이름 없이 헌신하는 전도사님들과 같이 3박 4일 리트릿을 가졌고, 생명을 내어놓고 선교하시는 선교사님들과 같이 시간을 보내며 그들의 헌신된 삶에 나는 큰 감동과 도전을 받았다.

특히 600여 명의 포르투갈 말을 사용하는 포어권 우리 젊은 대학생, 청소년들과 같이 이틀 동안 집회를 하면서 그들을 향한 하나님의 간절한 소원을 볼 수 있었다. 하나님의 소원을 이룰 수 있는 변화의 사신들이 될 대단한 인물들을 나는 보았다.

양창근 선교사님의 안내로 파라과이의 강두호 목사님이 시무하시는 교회를 방문했을 때 파라과이 원주민을 위한 학교를 운영해서 그 지역사회에 큰 영향을 주는 것을 보고 큰 감동을 받았다. 그곳 감리교회는 그 지역사회의 의료 봉사를 위한 병원을 운영하고 있었다. 양창근 선교사님은 아순시온 지역 원주민들을 위한 교회를 세워 많은 영혼을 구하고 있으며, 파라과이의 장래 리더들을 육성할 목적으로 학교를 운영하고 있었다. 그리고 가장 들어가기 힘든 원주민 지역에 들어가 그곳 원주민들을 위해 생명 바쳐 선교하고 있었다.

미국 남가주에 있는 세리토스장로교회(황보연준 목사님 시무)에서 특별 선교 프로그램으로 800명의 파라과이 원주민 자녀들을 교육시키는 학교를 운영하고 있다. 나는 잠깐 파라과이를 방문하는 동안 파라과이 교포 크리스천들과 선교사님들이 하는 사역들을 목격하면서 '바로 이것이다!' 라고 생각했다. 교포들이 거의 다 떠났다 해도 남은 교포들과 선교사님들이 서로 합력하면서 파라과이를 심장에 넣고 그리스도의 심장으로 교육시키고 양육하여 장차 파라과이에 수많은 크리스천 리더들을 배출할 뿐 아니라 의료 봉사를 통해서 그들의 건강을 돌봐주고, 원주민 리더들을 뽑아서 복음으로 변화시키고 무장시켜 그들을 통하여 그 나라의 원주민들에게 복음을 전할 수 있는 교회들을 세운 것을 직접 보았다. 바로 이것이 하나님이 이루고자 하시는 소원이 아니겠는가?

나는 그 날 밤 연합집회에서 교포 목회자들, 교인들, 교포 리더들, 특히 젊은 청소년들에게 그리스도의 심장으로 절규하며 부탁했다.

"여러분들은 파라과이에 남아서 살기로 마음을 정하시고 이곳에서 뼈를 묻을 각오를 하십시오. 파라과이를 심장에 넣고 이 나라의 장래 리더들을 교육하고 양육하고 강건하게 세워서 이 땅의 리더가 되게 합시다. 그들을 통하여 이 땅이 발전하고 그리스도의 부흥이 충만하도록 선구자의 사명을 감당하시기를 간절히 부탁합니다. 이 사명을 위해 하나님께서 여러분들을 한국에서 수만 리 떨어진 이곳에 옮겨 놓으셨습니다. 파라과이의 요셉과 다니엘이 되십시오. 이 기회를 놓치면 누가 파라과이를 위해서 예수 그리스도의 이름으로 복음을 전하겠습니까? 여러분에게 다 선교사의 사명을 하나님이 주셨습니다. 이것이 하나님께서 여러분을 향한 소원입니다. 이 사명을 가슴에 품고 죽기까지 전진합시다!"

브라질의 가능성은 대단하다. 땅의 면적은 미국 본토만큼 넓다.

하나님의 소원을 이루기 위하여

인구는 1억 8천만으로 세계 5위이다. 자원도 대단히 풍부한 나라다. 아마존 지역은 환경 면에서 전 세계 기후에 큰 영향을 주는 중요한 지역이다. 주민들은 정이 많고 친절하며 열정적이다. 250만 명의 일본계 교포들은 일본 땅보다 더 큰 농장들을 소유하고 있으며 브라질 농산물 생산에 가장 중요한 위치를 차지하고 있다. 상파울루 남쪽에 위치한 세계에서 도시 계획이 가장 잘 되어 있다고 하는 100만 명 정도의 인구가 사는 부자의 도시 시장이 일본 교포 출신이다. 상파울루 도시에서도 일본 교포다 하면 최고의 신용을 누리며 존경받는다. 중국계 교포들도 상파울루 시의 시의원 등 지방 정치와 경제에 큰 영향력을 끼치고 있는 것을 보았다. 의학계(특히 의과대학 교수)와 국민 후생, 보건의 분야는 레바논계 교포 의사들이 거의 주도권을 쥐고 있다고 우리 교포 의사를 통해 전해 들었다.

비록 한인들의 브라질 농업 이민은 실패했다고 하지만 브라질, 특히 상파울루에 살고 있는 한인 교포 사회도 중산층의 위치에서 잘 살고 있다. 나는 우리 교포들의 1.5세, 2세 자녀들이 브라질에서 무엇을 위해서 어떻게 살아야 할 것인가 하는 문제를 놓고 크게 고민하고 있는 것도 목격했다. 나는 1.5세, 2세 젊은 크리스천 전문인들(의사, 변호사, 판사, 교수, 사업가 등), 1세 목회자들과 1.5세, 2세 전도사들, 그리고 1.5세, 2세 목회자들, 그리고 선교사들을 만나면서 큰 기대와 소망을 갖고 하나님께서 원하시는 그 소원을 보았다. 하나님의 브라질 교포를 향한 소원은 브라질의 주인공으로 살면서 오너쉽을 가지고 그 나라를 복음화 하여 남미와 세계 선교에 큰 사명을 담당하라는 것이다.

우리 교포들이 1.5세, 2세들의 오너쉽을 가지고 그리스도의 심장으로 브라질을 가슴에 안는 일이다. 1세들이 그렇게 할 수 있다는 것을 보여주어야 한다. 쉽지 않은 일이지만 그것이 하나님의 뜻이므로 브라질을 가슴에 안고 사랑하고 기도하자. 그리고 브라질 백성들을, 각 인종들을 그리스도의 사랑으로 사랑하자. 그리하면 우리 자녀들이 그 나라의 주인공으로 사랑 받고 인정받고 신용을 얻을 것이다. 특히 가난한 사람들을 위해서 돕고 사업의 이익금 중 얼마씩 헌금하여 교회를 중심으로 그들을 위한 기금을 만들어 그 나라의 리더들이 될 수 있도록 교포 자녀들과 같이 교육시키고 양육하자는 것이다.

　한 1.5세 목회자가 나에게 "김 장로님, 만약에 브라질 사람들이 LA 사람들 같았으면 이 상파울루에서 한인 교포들을 대항해서 두 번은 폭동이 일어났을 것입니다."라고 가슴 아픈 이야기를 했다. 그것이 사실이 아니기를 바라지만 어쨌든 브라질에 살고 있는 우리 크리스천 교포들과 교회들이 하나님의 아들딸로서 그리스도의 대사 사명을 잊지 않고 그들을 차별하지 않고 심장에 넣어 사랑하는 참 그리스도인의 모습을 삶으로 보여주어야 한다. 이것이 그들의 마음을 얻고 결국 승리하는 길이다. 우리가 브라질에 삶으로 인해 브라질과 모든 백성들이 복을 받을 수 있도록 살아야겠다. 하나님께서 브라질도 만드셨으니 하나님의 아들딸인 우리가 오너쉽을 갖는 것은 당연한 일이다. 수많은 요셉과 다니엘 같은 우리 자녀들 때문에 브라질이 복을 받게 하자.

우리 교포 1.5세, 2세 자녀들을 하나님의 아들딸로 변화시키고 그들을 브라질 국가 발전에 공헌할 수 있는 최고의 실력자들로 키우기 위해 각 분야에서 전략적으로 공부시키고 연구시키는 일에 크게 투자하자. 아마존 지역 환경 분야의 최고 실력자들을 배출하고, 도시계획, 경제개발, 기업경영, 법률, 그리고 국제통상, 투자, 재정, 금융, 문화, 종교, 기술, 의학 분야의 최고 실력자들을 배출하자는 것이다. 그들이 브라질 주류 사회에 없어서는 안될 성령 충만한 실력자들로 만들어 주인 노릇하게 하자.

교포 교회 목사님들이 서로 힘을 모아 포어권 1.5세, 2세 전도사님들과 목사님들을 후원하면서 브라질 현지 목사님들과 선교사님들을 함께 동원하여 브라질 모든 인종 선교를 위해 전면적인 계획을 세워 실행하는 것이다. 우리 교포 교회가 브라질 영적 부흥을 책임지라는 하나님의 소원이다.

내가 젊은 청소년들과 같이 집회를 할 때 우리가 브라질 대통령을 위하여, 브라질을 위하여, 상파울루 시와 시장을 위하여, 학교를 위하여, 부모를 위하여, 청소년들을 위하여, 우리 교회와 목회자들을 위하여 차례차례 통성으로 울부짖으며 기도하는 시간을 가졌다. 우리 젊은 청소년들이 브라질을 심장에 안고 브라질을 위해서 회개하고 기도한 일이 전에는 없었다. 그들에게는 큰 도전이 되었으며 감격스러운 시간이었다. 집회가 끝난 후 브라질 목사님 몇 분과 PA 시스템 책임자와 그 일행 브라질 크리스천들이 나에게 다가와 눈물을 글썽이며 나를 껴안아주면서 "코리언 젊은이들의 브라질을 위한 사랑과 열정, 그리고 기도에 너무 감사하다."고 말했다. 몇 번이나 감사하다는 말을 되풀이했다.

브라질에 사는 일본 교포를 복음으로 변화시켜 선교사로 훈련하여 일본에 파송하고 또 일본에 단기 선교도 갈 수 있다면 얼마나 좋을까! 일본에서 가장 큰 2,000여 명의 유학생 교회를 담임하시는 김규동 선교사님 말씀에 의하면 그 교회에 300명의 일본인 대학생들이 출석하고 있다. 일본에서 오신 김규동 선교사님과 브라질에서 오신 고영규 목사님과 황은철 목사님이 사모님들과 같이 몬터레이에서 열린 GLF에 참석하여 같이 만나게 되었다. 이 기간 동안 그들은 김규동 선교사님이 일본 학생들과 장년 크리스천들을 인솔하여 브라질에 가서 일본 교포들에게 복음을 전하고, 또 고영규 목사님이 브라질에 사는 일본계 교포 크리스천들을 인솔하고 일본을 방문하여 일본인들에게 복음을 전하는 교환 선교를 했으면 좋겠다는 상호협력선교 계획을 나누었다. 그들의 만남을 통해 엄청난 선교의 가능성을 보여주셨다.

하나님께서 브라질에, 그리고 남미 각국에 우리 한인 교포 크리스천들을 보내신 것은 분명히 하나님의 크신 경륜과 계획에서 이루어진 일이다. 이제는 브라질, 아르헨티나, 파라과이, 칠레 등 현재 살고 있는 나라들을 떠나지 말고 뼈를 묻을 각오를 하면서 그 나라들을 예수 그리스도의 나라로 부흥시키자. 아르헨티나가 아무리 경제적으로 어려워도 선교사와 같은 사명을 가지고 같이 남아서 먼저 영적으로 아르헨티나를 살려야 한다. 나는 아르헨티나 1.5세, 2세 젊은 크리스천 리더들을 만나고 큰 소망을 갖게 되었다.

아르헨티나에서 만난 이정복 선교사님! 그는 정말 아르헨티나 사람들을 정복하는 그리스도의 대사요 사명자이다. 그는 인생을 다 바쳐 그리스도의 정복자로 살고 있다. 아르헨티나는 정치가들이 부패해서 어려움을 당하고 있지만 사실 자원이 대단히 풍부한 부자의 나라이다. 우리 자녀들이 그 땅의 주인공으로 오너쉽을 가지고 큰 영향력을 행사하고 살게 하자. 인간적으로는 불가능하게 보일지 몰라도 하나님 편에서는 모든 것이 다 가능하다는 것을 믿고 수많은 요셉과 다니엘과 에스더를 세우는데 땀과 정성과 헌금과 기도로 투자하자.

"하나님, 우리 브라질, 아르헨티나, 파라과이와 남미 각국에 사는 주님의 아들딸들과 교회 위에 엄청난 복을 주셔서 그들을 통하여 나라들이 복 받게 하시고 예수 그리스도로 부흥케 하소서. 남미 전체를 우리 교포 크리스천과 자녀들과 교회에 붙여 주옵소서. 믿음을 크게 주시고 담대함을 주옵소서. 이 엄청난 하나님의 소원을 주신 하나님께 감사와 찬송과 영광과 존귀를 드립니다. 아멘."

오, 캐나다!

캐나다의 잠재력도 대단하다. 왜냐하면 우리 1.5세, 2세 자녀들이 유명한 대학교에서 우수한 성적으로 공부하고 있고 이미 많은 전문인들이 캐나다 주류 사회에 들어가고 있기 때문이다. 최근에는 캐나다에서 우리 교포 교회 주최로 세계선교대회도 개최했고 선교에 불이 붙은 교회들도 점점 늘어가면서 교포 교회들이 왕성해지고 있다.

1998년 토론토에서 1,200여 명의 영어권 1.5세, 2세들이 1세 목사님들의 후원과 사랑으로 캐나다 영적 부흥을 위한 집회를 3일 동안 가졌다. 밴쿠버에서도 영어권 젊은이 수백 명이 모여 캐나다 영적 부흥을 위한 집회로 가졌다. 현재 한인 교포 교회의 영적 리더들과 젊은 세대가 연합해서 캐나다 역사상 처음으로 전 캐나다 영적 부흥을 시작하는 준비 모임을 위해 열심히 기도하고 있다. 이미 토론토에서 추진위원회(Steering Committee)가 결성되었다. 2004년 3월에 전 캐나다 영적 대각성과 부흥을 위해서 대대적인 집회를 갖는다. 캐나다는 미국보다 면적이 더 큰 나라이다. 그런데 인구는 3,600만에 불과하다. 우리의 자녀들이 믿음의 터 위에 굳게 서서 이 나라의 모든 분야를 이끌어 가는 실력 있고 성령 충만한 리더들로 키우도록 우리는 기꺼이 투자해야 한다.

　큰 부흥의 역사가 캐나다에서 코리언 캐나디안을 통하여 일어나기를 기도한다. 그래서 그 부흥의 불길이 남쪽으로 내려와 미국까지 영적으로 부흥시키는 그 때가 속히 오기를 기도한다. 캐나다와 미국이 연합전선을 펼쳐 북미 주류사회에 큰 영향력을 줄 수 있는 성령 충만하고 실력 있는 우리 자녀들을 양육하고 훈련시킬 뿐만 아니라 그들을 통하여 엄청난 인력과 자원을 총동원하여 세계를 복음화 하는 일에 협력하며 담당하기를 소원하시는 하나님의 마음을 보자.

땅 끝 최악의 환경에서도 꿋꿋이 살아가는 한인들

북극해(Arctic Ocean)의 척치바다(Chuckchi Sea)와 뷰포트바다(Beaufort Sea)가 만나는 알라스카 서북쪽 최첨단에 3,000명 정도의 알라스카 원주민(그들을 에스키모라고 부르지만 사실은 왜곡된 이름으로 좋게 칭하는 것이 아님)이 사는 포인트 배로우(Point Barrow)라는 도시가 있다. 척치와 베링해(Bering Sea)가 만나는 캇즈뷰 사운드(Katzebue Sound)의 캇즈뷰라는 도시에도 약 3,000명의 알라스카 원주민들이 살고 있다. 이 도시들은 3,000명 이상이 살고 있는 세계 모든 도시 중에서 가장 추운 곳으로 알려졌다. 겨울에 화씨 -60도까지 내려가지만 바람이 심하게 불 때는 그 냉기의 요인(chill factor)으로 인하여 화씨 -100도까지 내려갈 때도 있다.

내가 알라스카 주지사 경제 고문으로 일할 때 그 지역 앨 · 애담스(Al Adams) 상원의원이 몇 번 초청한 일이 있었는데 그때마다 스케줄이 맞지 않아 응하지 못했다. 한 번은 주의회에서 그분을 만났는데, "김 박사님, 우리 지역은 언제 방문할겁니까? 꼭 와서 지역 탐방도 하고 지역 지도자들과 만나 지역 발전에 관해 상의합시다." 하면서 날짜를 정하자고 했다. 나는 여름철에 가서 24시간 해구경도 하고(여름 3개월 간 북극권(Arctic Circle) 내에는 밤이 없고 해만 있음), 원주민들의 고래잡이 구경도 하면서 며칠동안 지내고 싶었다. 그런데 여름에는 겨울을 맞이하기 위해 모두 사냥이나 낚시나 고래잡이를 나가기 때문에 그 때는 지방 리더들과 만날 수 없다고 해서 가을에 방문하기로 약속했다.

감사절(Thanksgiving)이 지난 다음 주에 방문해 달라는 초청을 받았다. 그 지역은 벌써 겨울이 되었기 때문에 해는 없고 밤만 있는 곳이었다. 오후에 도착했지만 그곳은 몹시 추운 밤이었다. 애담스 상원의원이 비행장으로 마중을 나왔다. 나에게 머리를 덮는 파카 털옷을 주었다. 그 추위에는 내가 입었던 겨울 코트로는 어림도 없었다. 모텔방에 들어가니 오랫동안 비워둔 방이라서 냄새가 났다. 누가 그 추운 겨울에 관광을 오거나 방문하러 오겠는가?

여장을 풀고 있었더니 저녁 6시쯤 애담스 상원의원이 나를 데리러 왔다. "김 박사님, 오늘 아주 맛있는 음식점으로 안내하겠소." 하면서 나를 자동차에 태우고 음식점으로 향했다. 얼음이 꽁꽁 얼어붙은 북극이었다. 북극 얼음은 20만 파운드 되는 큰 트럭이 55마일로 얼음 위를 달려도 깨지지 않을 정도로 꽁꽁 언다. 밖은 몹시 추웠고 북극해의 바람은 살을 에이듯 매서웠다.

음식점에 들어가기 전에 간판을 보니 '드레곤 펠리스(Dragon Palace)'라고 적혀 있었다. 그리고 바로 그 밑에 낯익은 언어로 '용궁'이라고 적혀 있었다. 나는 설마 한인 교포가 여기까지 와서 음식점을 하지는 않겠지 생각하며 중국화교가 아닌가 했다. 음식점에 들어갔더니 손님으로 꽉 차 있었다. 낮이 없고 밤만 있는 추운 겨울에 어디로 가겠는가? 그 동네에 하나밖에 없는 중국집에 갈 수밖에. 애담스(Adams) 상원의원이 나를 안내하여 들어가니까 키가 작은 노인이 반가워하면서, "김 박사님, 신문과 TV 통해 잘 알고 있습니다. 우리 한인들의 자랑입니다. 어떻게 이렇게 오셨습니까, 정말 반갑습니다." 하는 것이 아닌가! 자리를 따로 마련해주어 우리는 음식을 주문했다. 그분과 종업원들은 바쁘게 일하고 있었다.

얼마 후 음식이 나와 먹고 있는데 그분이 자리에 동석했다. 나는 "노 선생님, 어쩌자고 여기까지 오셨습니까? 이곳이 세계에서 제일 추운 도시의 하나입니다. 너무 고생하시는군요."라고 말씀드렸더니 "김 박사님, 얼마나 좋습니까? 제가 돈을 갈퀴로 긁고 있습니다. 사실 추위도 추위지만 더 위험한 것은 여름철에 북극해 얼음이 녹아서 산더미 같은 얼음산들이 이리저리 바람의 방향에 따라 떠다니는데 만약 기상 경보가 늦었다거나 잘못되면 바닷가에 있는 마을이 삽시간에 파괴되고 맙니다. 그것이 무섭지요."라고 대답했다.

사실 중국요리 음식값이 LA나 다른 지역에 비해 훨씬 비쌌다. 그러나 모든 재료가 앵커리지에서 비행기로 운송된 데다가 비싸기 때문에 그럴 수밖에 없었다. 다음날 애담스 상원의원이 점심을 위해서 햄버거집에 나를 안내했는데 바로 그 용궁 식당의 주인 아들이 경영하고 있지 않은가!

캇즈뷰 도시에도 한국 교포들이 중국 요리집을 하고 있고 싯카(Sitka, 알라스카 동남쪽에 있는 아름다운 도시), 수어드(Seward, 이 항구에서 석탄을 선적하여 한국에 수출하였음), 그리고 알라스카에서 가장 큰 섬 코디악에서도 한국 교포 가정이 중국 요리집을 하고 있는데 모두 잘 되고 있었다. 사실 한인 교포들이 중국요리 음식점을 경영할 때 그분들이 중국요리 학교를 정식으로 다녀 자격증을 딴 후 음식을 하는 경우는 드물다. 부모들이나 친척들이 하는 것을 눈여겨보거나 종업원으로 일하면서 경험으로 보고 배운 것을 바탕으로 요리를 하는데도 우리 교포들은 어디를 가든 성공하는 것을

하나님의 소원을 이루기 위하여

볼 수 있다.

　세계에서 가장 추운 땅 끝에서도 끈질긴 인내심으로 사업에 성공하는 지독한 우리 코리언! 남극에서도 화씨 -90도까지 내려가는 추위를 이기고 목축업에 가장 성공한 사업가가 한국인이라고 한다. 시베리아 코 밑에 있는 카자흐스탄 북쪽 지역에서 화씨 -60도까지 내려가는 추위에서도 2,000명 이상의 성도들(대부분이 러시아 백인들과 카자흐 사람들이다)을 목회하는 한인 3세 김이고 목사님, 그리고 러시아 극동 그 추운 곳에서 녹용을 자르는 고려인 3세들, 그리고 러시아, 핀란드, 스칸디나비아의 그 추운 곳에서도 잘 견디며 살고 있는 코리언은 한 미디로 지독한 사람들이다.

　우리가 앵커리지에 살 때 우리 집의 앞·뒷마당 잔디를 깎고 나무를 보살펴 주는 정원사에게 "우리 잔디가 어떤 잔디이길래 아무리 눈이 덮여 있다고 하지만 이 추운 겨울에 화씨 -30도, 심하면 일 년에 한두 차례 정도 화씨 -40도까지 내려가는데도 죽지 않고 해마다 봄이 되면 이렇게 살아서 잘 자라고 있습니까?"라고 물었더니 그가 웃으면서 "이 잔디는 한국 잔디입니다(Dr. Kim, this is the Korean grass)."라고 나에게 알려 주었다. 한국 잔디까지도 지독하다는 것을 알게 되었다.

　반면 세계에서 가장 덥다고 하는 곳에도 우리 코리언들이 잘 살고 있다. 사우디아라비아는 온도가 화씨 130도, 심지어는 화씨 140도까지도 올라간다. 그런데 한국 건설회사의 계약을 통해 그동안 얼마나 많은 한인들이 사우디아라비아 건설 프로젝트를 위해서 일하였는가? 얼마 전 영국 엔지니어링 회사가 너무 더워서 사우디아라비아에서 철수하게 되었을 때 누가 그 회사를 인수했겠는가? 물론 한국 엔지니어링 회사가 맡게 되었다고 한다.

1998년 나는 내 아내와 강운영 목사님과 80일간 미국을 위한 기도 크루세이드를 하던 중 텍사스 주에 도착했다. 1개월 이상 매일 화씨 100도가 넘어 농작물과 초목은 다 말라서 피해가 심각했고 말과 소들도 풀을 먹지 못해 뼈만 남은 상황을 목격할 수 있었다. 밤낮으로 더웠고 그로 인해 178명의 주민이 목숨을 잃었다는 보도를 읽었는데 죽은 사람들 중 한인 교포는 한 사람도 없었다고 한다. 여기에서도 우리 한국인은 지독한 것을 알 수 있다.

애리조나도 여름에 화씨 115~120도로 덥지만 우리 한인들은 끄덕 없이 잘 살고 있다. 아마존 지역도 지독하게 덥고 남미와 중미도 지독하게 덥다. 그러나 한인 교포들은 끄덕 없다. 정말 지독한 사람들이다. 알라스카 원주민이 이렇게 더운 지역에서 살 수 없고 사우디 사람이 알라스카 배로우에서 절대로 살 수 없다. 너무 덥고 너무 추워서 적응하지 못하고 죽을 것이다.

내가 여러 에피소드를 소개하는 것은 보통사람이 도저히 견딜 수 없고 살 수 없는 세계 땅 끝들에서 -110도 F부터 +140 도 F까지 이르는 250도의 엄청난 온도차에도 우리 한인 교포들이 모든 고난과 어려움과 추위와 더위의 악조건을 동시에 견딜 수 있는 지독한 사람으로 잘 살 수 있는 것은 바로 하나님이 우리 교포 크리스천들을 통하여 예수 그리스도의 지상명령 성취를 마무리 짓는 사명을 이루고자 하시는 하나님의 소원 성취를 위해서 우리를 그렇게 단련시킨

것이다.

시카고 트리니티 신학대학(Trinity Seminary)에서 선교학을 가르치는 세계적으로 유명한 로버트 콜먼(Robert Coleman) 학장이 96년 시카고 대학생 컨퍼런스에서, "내가 믿기로는 주님의 지상명령 완수를 마무리 짓는 민족은 코리언"이라고 선언한 것은 우연이 아니다.

하나님께서 모세를 40년간 광야에서 훈련시켜 이스라엘 민족을 애굽의 속박에서 구원하셨다면, 우리 민족을 반만년 동안 그렇게도 지독한 어려움 속에서 훈련시켜 이제는 우리에게 세계를 구원하기를 원하시는 하나님의 소원을 우리에게 보여주신 것이다.

"하나님, 반만년 동안 그 많은 핍박을 받게 한 것도 우리를 다지고 또 다져서 어떤 환경에서도, 땅 끝 어느 곳에서도 잘 견디며 살 수 있는 지독한 사람들로 만들어 그리스도의 대사들로서 그곳에 사는 주민들을 변화시켜 땅 끝까지 복음 전하게 하시려고 그랬군요. 그 하나님의 섭리가 너무 신묘막측합니다. 우리로 하여금 하나님의 그 엄청난 소원을 알게 하시고 사명으로 받게 하시니 진심으로 감사 감사합니다. 아멘."

제3부

성취

제3부 성취

하나님의 우주적인 비전:
세계 지도력 포럼(GLF: Global Leadership Forum)

나는 세계화를 촉진시키는 가장 큰 7가지 세력이 자유시장경제, 교육, 문화, 스포츠 교류, 국제통상과 투자, 과학과 기술(특히 텔레콤, 인터넷 등), 환경보호와 보존, 자유와 민주, 그리고 WTO라고 소개했다. 그리고 성령 충만하고 최고의 실력을 갖춘 크리스천 리더들이 이 세력의 고삐를 붙잡고 리드하면서 이 세력들을 예수 그리스도와 접목만 시키면 주님의 지상명령 성취(The Great Seven Forces for Globalization × Jesus = Jesus Globalization : 예수 세계화)가 강하고 신속하게 이루어질 것이라고 앞에서 언급했다. 각 분야에 하나님의 원하시는 뜻과 계획에 따라 이 세력들을 리드해 갈 성령 충만하고 실력 있는 크리스천 리더 곧 그리스도의 대사들을 세우기 위해서는 우리는 대대적으로 리더를 훈련해서 길러내야 한다. 왜냐하면 리더가 세상을 변화시킬 수 있기 때문이다(Leader makes a difference!).

어떻게 하면 하나님의 영광을 위해서 사용될 수 있는 성령 충만하고 실력 있는 크리스천 리더들, 즉 변화의 사신들을 훈련하여 미국과 한인 교포들이 사는 세계 모든 나라에 세울 수 있을까 기도하는 중에 1998년 10월 하나님께서 나에게 GLF(세계 지도력 포럼 : Global Leadership Forum)의 비전을 보여주셨다. 미국과 세계를 변화시키기 위해서는 리더들을 총체적인 차원에서 훈련해야 할 것을 깨닫게 하시면서 그 총체적인 리더십의 아이디어를 보여주셨다.

나는 이 비전을 JAMA의 동역자들 특히 강운영 목사님과 상의한 후 GLF를 시작하기로 마음을 먹었다. 1999년 9월 나는 7명의 1세 목회자들을 포커스 그룹(Focus group)으로 몬터레이(Monterey)에 초청했다. 나는 그분들과 2박 3일을 같이 보내면서 GLF의 비전과 필요성을 나누었다. 그분들도 이 일이 너무도 필요하고 절실한 것을 공감했다. 나는 그분들의 조언과 의견들을 종합해서 GLF의 목적과 방향을 재정리하고 프로그램을 구체화했다. 이 모임은 1세 목회자 GLF를 태동시키는데 큰 역할을 했다.

그 해 10월에는 한국어권, 영어권 전문인들(professionals) 18명을 같은 목적으로 초청했다. 그들과도 2박 3일을 함께 보내면서 같은 일을 했다. 역시 나는 그들이 제시하는 의견들을 들으면서 1세 전문인 리더들과 2세 전문인 리더들을 위한 GLF의 방향과 프로그램을 구체화시켰다. 그들과의 만남 역시 전문인 리더 GLF를 태동시키는데 큰 도움이 되었다.

같은 해 11월에는 같은 목적으로 2세 목회자들을 몇 사람 초청했다. 그들의 형편과 필요는 1세 목회자들과 다르기 때문에 2세 목회자 GLF를 위해서는 그들의 의견을 수렴하는 것이 절대로 필요했다. 우리는 너무도 좋은 시간을 가졌다. 이제껏 2세 지도자 육성을 위한 구체적인 대안과 작업이 없었기에 그들은 이 태스크의 중요성을 인정하였고 또한 이 GLF에 큰 기대감을 가지면서 적극적으로 이 일에 동역할 것을 약속해 주었다. 이 모임 역시 2세 목회자 GLF의 방향과 프로그램을 결정하는데 큰 도움이 되었다.

이처럼 각 계층 중심 리더들과 세 차례 포커스 그룹 모임을 가진 후 나는 강운영 목사님을 운영 책임자(Managing Director)로 임명하고 같이 GLF 포럼을 위한 내용들을 정리했다. 2000년 1월 첫 GLF를 시작했다. "영적, 도덕적, 지적, 정신적, 정서적, 경영적, 상호 문화적(Cross-cultural), 역사적, 정치적, 그리고 체력의 총체적인 리더십 훈련과 네트웍킹을 통해서 크리스천 리더들을 그리스도의 변화의 사

GLF에 참석한 JAMA 지역 리더들과 함께

신(Christ's transforming ambassadors)으로 개발(develop) 하고 양육(equip)하며 그들을 동원(mobilize)해서 예수 부흥(Jesus revival)과 주님의 지상명령 완수(fulfillment of the Great Commission)를 위해서 미국과 세계의 주류에 강한 영향력을 발휘한다."는 미션(Mission)으로 이 GLF를 시작한 것이다.

GLF는 매회 다른 계층들을 대상으로 한다. 1세 담임목회자들(주로 40대 전후), 1.5세, 2세 영어부/대학(EM/College) 목회자들, 1.5세, 2세 청소년 담당목회자들, 1세 전문인 리더들(평신도 리더들), 1.5세, 2세 영어권 전문인 리더들, 대학 교수들, 가정사역자들을 대상으로 우리는 매 포럼마다 30명 내지 40명씩을 초청해서(Invitation only) 3박 4일 동안 호텔에서 리트릿을 하면서 같이 보낸다. 전체적으로는 개인적인 회개, 회개를 통한 영적 부흥과 변화의 체험, 주님의 지상명령에 근거한 비전, 비전에 대한 헌신, 비전을 이루기 위해서 필요한 총체적인 리더십 등을 중심으로 특강과 쉐어링과 리프렉션(감상) 등의 형식으로 진행하면서 찬양과 기도의 시간을 갖는다. 물론 그때 그 때의 참석 대상들의 필요에 따라서 특별한 것들을 보완하기도 한다. 이 포럼 동안 무엇보다도 그리스도 안에서 자신들을 솔직하게 내놓고 서로를 나누면서 놀라운 은혜의 치료와 위로와 격려를 받는다. 그리스도 안에서 형제자매로서의 휄로쉽(fellowship)과 네트워킹(networking)을 통해서 비전을 서로 나누며 한 마음으로 함께 주님을 섬기며 주님의 지상명령을 이루어 갈 동지가 된다. 2000년 1월부터 시작한 이 3박 4일(때로는 4박 5일) GLF

에 2002년 말까지 벌써 1,000명 이상의 각계 리더들이 참석했다.

우리는 지금까지 이 GLF 참석자들에게 참가비를 부담시키지 않고 있다. 미국 서해안에서도 가장 아름다운 몬터레이(존 스타인벡이 '하늘과 땅과 바다가 만나는 가장 아름다운 곳'이라고 했다) 바닷가 호텔에 숙식을 제공하면서 가졌던 이 사역에 그동안 많은 재정이 들었던 것도 사실이지만 하나님의 전적인 은혜로 여러 돕는 손길들을 붙여주셔서 우리는 지금까지 이 사역을 계속해 오고 있다. 먼저는 하나님께 감사하고 아울러 이 사역을 위해서 지금껏 후원해 주신 여러 동역자들에게 충심으로 감사드린다. 하나님의 크신 은혜에 힘입어 이 사역이 계속될 것을 믿는다. 이 사역은 내가 혼자서 할 수가 없고 팀으로 같이 동역함으로써 가능하다. 나의 동역자인 강운영 목사님께서 디렉터십을 가지고 이 사역에 온 마음을 쏟으며 헌신적으로 수고하고 계신다. 또한 이 사역을 위해서 강 목사님 가정과 우리 가정이 아름다운 동역을 같이 하고 있다.

GLF의 특징과 운영 방식

우리는 GLF를 다음과 같은 몇 가지 특색을 가지고 운영한다. 첫째는 초청 방식이다. 우리는 GLF 참석자들을 모으기 위해서 광고하지 않는다. 초청(Invitation only)을 원칙으로 한다. 우리는 먼저 1세 담임목회자 부부를 GLF에 초청한다. 그리고 GLF를 마친 후 목회자들께 교회에 속한 1.5세, 2세 영어목회자들, 청소년 목회자들, 1세 전문인 리더들, 1.5세, 2세 전문인 리더들, 대학 교수들을 우리의 스케줄에 따라서 추천해서 보내주시도록 부탁한다. 모든 경우가 다 그렇게 된 것은 아니지만 지금까지 대부분은 그런 과정을 따라 초청되었다.

나는 이것이 영적 운동이기 때문에 주님께서 주신 비전과 사명을 같이 이해하고 협력해서 함께 이루어야 한다고 믿는다. 이해와 협력으로 이루어져야 한다고 믿어서 그렇게 한다. 사실 우리는 주님께로부터 사명을 받은 자들이다. 우리 주님의 영광과 주님께서 분부하신 지상명령을 이루기 위해서 우리는 서로 이해와 존경과 사랑을 바탕으로 협력해야 한다. 아울러서 이것은 교회와 함께(together with church), 교회를 위해서(for church) 하는 운동이기 때문에 우리는 이 방법을 취한다. GLF의 사명의 하나는 교회와 파트너십을 갖고 교회를 크게 세우는데 도움이 되어야 한다고 믿는다. 담임목회자가 새로운 비전을 받고 패러다임을 바꾸어서 새롭게 목회를 하려고 할 때 교회 모든 사역(Ministry) 담당자들과 지도자들이 같이 공감하고 힘을 모으는 것이 너무도 중요하기 때문에 GLF가 이 일을 도울 수 있어야 한다고 믿는다. 우리는 또 이 방법을 통하여 GLF를 다녀가신 목회자들의 교회가 그 지역사회에서 모델 교회로 견고히 서서 영향력을 크게 발휘할 수 있다고 믿기 때문이다. 한 교회에서 10여명 이상의 중요한 리더들이 GLF에 참석해서 같이 비전을 받고 오너쉽을 가지고 서로 헌신하며 리더십을 기르고 세우면 교회가 바르고 강하게 전진하면서 지역사회에 크게 영향력을 발휘할 수 있을 것이다. 그래서 우리는 가능한 대로 여기저기에서 산발적으로 참석자들을 초청하지 않고 GLF에 참석한 목회자들의 교회를 중심으로 그들의 추천을 받아서 그 교회 각 분야의 리더들을 초청한다.

GLF는 교파에 상관없이 하나님께 대한 열망을 갖고 하나님의 비전을 이루어 가기를 사모하는 리더들이 모이는 모임이다. 앞서 언급했듯이 우리는 GLF 참석자들에게 참가비를 부담하게 하지 않는다. 이 GLF를 통해서 하나님의 비전이 이루어지기를 소원하는 교회와 개인들의 후원과 헌금으로 이 사역을 운영한다. 참가비를 받지 않기 때문에 어려운 점도 있지만 하나님께서 주신 소원이기 때문에 하나님께서 이루실 것을 믿고 더욱 하나님을 의지하면서 하나님의 공급하심을 경험하는 것은 전적으로 특권이며 은혜이다.

GLF에 참석한 1세 목회자들과 같이

나는 GLF에 참가하는 한 분 한 분이 어느 모임에서보다도 특별하고 유닉(unique)하게 하나님께서 주시는 비전을 받고 변화를 체험하는 것을 목격해왔다. 하나님께로부터 받는 개인적인 비전도 중요하지만 교회적, 국가적, 시대적인 하나님의 비전을 발견하는 것은 우리의 삶에 있어서 큰 변화의 계기가 되기 때문이다.

우리는 각 그룹이 모일 때마다 가능한 대로 두 부부 정도를 해외에서 초청한다. 그들을 통해서 소개되는 세계를 보면서 세계적인 안목을 가질 수 있고 서로의 네트워킹을 넓혀갈 수 있기 때문이다.

GLF 비전을 점차 확대해 나가기 위해서 2001년 가을에는 아시안계 영적 리더들을 초청해서 그들과 GLF를 가졌다. 물론 우리 코리언 아메리칸 2세 목회자들도 몇 사람 초청해서 함께 시간을 가졌다. 아시안계 리더들도 우리의 비전에 공감하며 크게 도전을 받는 것을 보았다. 스피커로 초청되어 같이 참석했던 백인 리더들도 역시 크게 도전을 받으면서 그 비전을 같이 이루어갈 것을 약속했다.

그 리트릿의 마지막날 밤에는 여느 때처럼 우리 집에서 모임을 가졌다. 서로의 리프렉션(reflection)을 나누는 시간이었다. GLF 디렉터인 강운영 목사님께서 "나는 미국에 온지 6년밖에 안되었지만 하나님께서 이 나라에 대해서 특별한 부담을 주셔서 이 나라를 가슴에 안고 거의 매일 하나님께 기도합니다. 지난 98년에는 김춘근 교수님 내외분과 미국의 영적 각성을 위해 80일 동안 미국 각 지역들을 2만 마일 기도순회를 하면서 미국의 예수 각성과 부흥을 위해서 전심으로 기도했습니다. 2000년 겨울에는 하나님께서 주신 부담으로 견딜 수가 없어서 다시 미국에 영적 각성과 부흥을 주시도록 금식기도를 했습니다. 당신들이 아시다시피 지금 미국은 영적으로 대단히 타락해가고 있습니다. 당신들은 미국에서 태어났고 미국 시민이며 영적인 지도자들입니다. 내가 이 나라를 위해서 이렇게 기도한다면 여러분들은 이 타락한 미국을 지켜보면서 어떻게 하시겠습니까?"라고 간증 겸 도전을 하자 그들은 충격을 받았다.

남가주 지역 롤링 힐스(Rolling Hills)에서 5,000명 성도를 목회하시는 백인 M 목사님은 강 목사님의 말씀을 듣더니 눈물을 글썽이면서 "나는 지금 성령님을 통해 큰 도전을 받고 있습니다. 나는 지금까지 내 나라 미국에 대하여 늘 불평하고 비판만 했지 미국을 위해서 기도하지 않았습니다. 이제부터는 불평하고 비판하는 것을 단호히 끊고 미국의 영적 부흥을 위해서 나는 내 아내와 함께 전 교회와 더불어 기도하겠습니다."라고 말씀하셨다. 나도 눈물을 흘렸고 여러 참석자들도 같이 눈물을 흘렸다. 이것이 바로 성령님의 능력에서 오는 JAMA 운동이며 JAMA의 영향력이다.

이 아시안계 리더들과의 GLF 결과로 2004년에는 JAMA GLF가 후원하고 일본계, 중국계, 한국계 미국 리더들이 중심이 되어 아시안계 미국 지도자 회의(Asian-American Leadership Conference)를 개최하기로 했다. 나는 이 컨퍼런스를 통해서 모든 아시안 아메리칸 영적 리더들이 미국의 영적 부흥을 그들의 소원으로 품을 뿐 아니라 이 나라의 새로운 영적 각성과 부흥을 이루는데 캐털리스트들

(catalysts)이 되기를 소망한다.

GLF는 2002년에 콜로라도와 조지아, 그리고 뉴-저지에서 가졌던 세 차례를 제외하고는 모두가 캘리포니아 몬터레이에서 가졌다. 850명 이상이 이곳 몬터레이에서 열린 GLF에 참석한 것이다. 마지막 날 밤에는 보통 우리 집에서 모임을 갖는다. 그 모임은 초대교회 다락방을 연상케 할 만큼 특별하다. 나는 각 GLF가 끝나는 마지막 날 밤의 감동과 감격을 잊지 못한다.

우리는 마음껏 찬양으로 하나님께 경배를 드린다. 그리고는 거실에 둥그렇게 둘러앉아 지난 3일 동안 깨닫고 경험하고 다짐한 것들을 함께 나눈다. 서로를 위로도 하고 격려도 하면서 우리는 정말 아름답고 귀한 나눔의 시간을 갖는다.

아울러서 앞으로 어떻게 전략적으로 파트너십을 맺고 서로 힘을 모아 미 주류 속에서 그리스도의 대사의 삶을 살며 미국의 영적 대부흥과 주님의 지상명령을 효과적으로 이루어갈 것인지를 상의하며 협력의 네트웍을 이룬다. 우리는 주님의 영광을 위해 쓰여지기를 바라는 열망으로 헌신의 시간도 갖으며 아울러 우리는 마음과 뜻을 다해서 부르짖어 하나님께 기도한다. 주님 앞에 무릎을 꿇고, 서로의 손을 붙잡고, 주께서 이 땅을 고치시며 이 땅에 영적 각성과 부흥을 주시도록 전심으로 기도한다. 이 나라의 대통령과 모든 분야의 리더들을 위해서, 교회와 목회자들을 위해서, 가정과 자녀들을 위해서, 학교들을 위해서, 지역사회와 그 리더들을 위해서, 그리고 우리 모국 한국을 위해서, 세계에 흩어져 있는 코리언 디아스포라를 위해서, 세계 선교와 선교사를 위해서… 제목을 따라 집중적으로 함께 기도한다. 그리고 마지막으로는 각 지역을 중심으로 개인 또는 그룹별로 가운데 무릎을 꿇게 하고 모든 참석자들이 그들의 머리에 손을 얹고 전심으로 축복하며 기도한다. 그들의 가는 길을 하나님이 인도해 주시며 그들이 성령 충만, 믿음 충만, 사랑 충만을 받아서 그리스도의 심장으로 삶의 현장에서 십자가의 보혈로 승리할 수 있도록 같이 기도한다. 성령님께서 우리 참석자들 가운데 운행하시며 강하게 역사하시는 것을 GLF 리트릿 때마다 체험해 왔다. 우리는 모임이 끝나면 가슴을 열고 한 사람 한 사람을 껴안으며 그리스도의 사랑을 온 심장으로 나눈다. 새벽 2시 또는 3시에 끝나는 것이 보통이다. 가정을 오픈해서 이런 시간을 가질 수 있도록

영어목회자들이 우리집 거실에서 함께 진지하게 쉐어링하는 모습

배려해주는 사랑하는 아내에게 충심으로 감사한다. 모든 것이 전적으로 하나님의 은혜이다. "아내와 내가 GLF를 통해서 주님과 모든 참석자들을 섬길 수 있도록 은혜와 기회를 주시는 하나님께 감사와 존귀와 영광을 돌립니다. 아멘."

나는 GLF를 해오면서 특별히 우리 1.5세, 2세 목회자들, 청소년 목회자들, 그리고 그 사모들에게 많은 상처와 아픔이 있는 것을 발견했다. 그들은 그동안 가슴에 상처를 안고 있던 것들을 나누면서 때로는 울음을 터트리기도 했다. 그들이 사역을 하면서 다치고 상한 심정을 어디에다 하소연도 못하고 있었다. 그런 그들이 부담 없이 마음의 보따리를 풀어놓고 아픔과 상처를 같이 나누며 서로 위로 받고 격려 받고 치료받는 것을 보면서 나는 내 동역자들과 같이 그들을 받들며 섬길 수 있는 것이 너무도 감사했다. 그들도 누군가를 통하여 사랑을 받아야 한다. 보살핌도 받아야 한다. 그래야 그들의 삶이 밸런스가 유지되고 건강할 것이 아닌가? 내가 그들을 사랑할 수 있고 그들에게 베풀 수 있다는 것은 참으로 감사한 일이고 복된 일이다.

우리는 최선을 다해서 그들을 포용하고 그리스도의 심장으로 그들을 사랑으로 섬기려고 노력해왔다. 우리 자녀들을 돌보고 키우는 목자들이 그들인데 얼마나 고맙고 감사한가? 다만 그들이 아픔과 상처 없이, 영적으로, 정서적으로, 육체적으로 강건해서 우리 자녀들을 건강하게 잘 양육하고 훈련할 수 있기를 바라는 마음 간절할 뿐이다. 나는 그러한 젊은이들을 보고 만날 때마다 미치고 환장할 정도로 열정을 다해 그들을 내 품에 안고 사랑하고 싶다. 그것이 나의 충정이다. 나를 향하신 하나님의 소원이다.

곧 흑인 영적 리더들(African-American Spiritual Leaders)을 초청해서 그들과도 GLF를 하려고 계획하고 있다. 그리스도 안에서 형제애를 나누면서 그들과 우리의 비전을 함께 공유하고 싶다. 그리스도 안에서, 그리스도의 사랑으로 인종간의 갈등을 화해(Racial Reconciliation)하고, 그 화해를 바탕으로 함께 이 나라의 영적 부흥을 위해 공동전선을 펴고 싶은 마음이 간절하다.

히스패닉 계통의 영적 리더들도 초청해서 그들과도 GLF를 가질 것이다. 그리스도 안에서 그들과 하나 되어 협력하면 서반어를 사

GLF에 참석한 1세 전문인 리더들(애틀랜타에서)

용하는 멕시코를 비롯한 중남미의 영적 각성과 선교를 위해서 큰 영향을 끼칠 것이다.

미국에 영적 대각성과 부흥이 오기 위해서는 미국 주류가 움직여야 한다. 그리스도 안에서 백인 리더들과 계속 협력하면서 같이 기도하며 이 나라의 영적 부흥을 이루도록 노력할 것이다. 2003년 7월 1~5일까지 애틀랜타 조지아 텍에서 열리는 제3차 자마 전국대회를 기치로 그들과 같이 미국을 위한 대대적인 영적 각성이 함께 시작될 것이다. 특별히 코리언 디아스포라들을 통해서 세계 선교를 이루는 비전을 그들과 나누면서 같이 협력할 수 있는 방안도 모색할 것이다.

곧 세계 각지의 전략적으로 중요한 선교현장에서 목회와 지역 선교를 하시면서, 특히 젊은이들을 훈련하시는 목회자(선교사)들과 사모들을 초청해서 그들과도 GLF 리트릿을 하려고 한다. 1~2주일 동안 영적 에너지를 충전할 뿐 아니라 각지의 선교 현황도 구체적으로 나누고 주님의 지상명령을 이루기 위한 총체적인 비전을 서로 나누며 우리가 그 비전 성취를 위해서 가장 효과적으로 협력할 수 있는 방안을 모색할 것이다.

GLF(Global Leadership Forum)에서 TLF(Total Leadership Forum)가 생겨 함께 진행되고 있다. 나는 GLF 프로그램 중에서 하나님의 비전을 이루기 위해서 필요한 토탈 리더십 퍼스팩티브(Total Leadership Perspectives)를 중심으로 두 차례씩 강의해왔다. 그 강의를 들은 목회자들이 그들을 위해서 총체적인 리더십만을 주제로 해

제2차 Total Leadership Forum에 참석한 목회자들과 같이

서 3박 4일 동안 리트릿을 하자고 제안해왔다. 이것이 계기가 되어서 나는 '21세기를 위한 토탈 리더십 모델(Total Leadership Model for 21st Century)'을 만들었고, 2002년 1월 LA JAMA 비전 센터에서 63명의 목회자들을 모시고 3박 4일 동안 인텐시브 세미나(intensive seminar; 14회의 특강)로 첫 TLF를 갖게 되었다. JAMA ISS 리더의 한 사람인 나의 동역자 미시간 대학교 박동진 교수(Dr. Daniel Pak)를 강사로 초청해서 같이 세미나를 했는데 그 때문에 TLF를 더 알차게 되었다.

첫 TLF는 이근호 목사님께서 시무하시는 남가주 휄로쉽 교회가 후원했다. 숙식비용 전체를 남가주 휄로쉽교회가 감당한 것이다. 교

하나님의 소원을 이루기 위하여

회가 목회자들의 필요를 인정해서 아무 조건 없이 그렇게 섬겨준 것이다. 남가주 휄로쉽교회와 이 목사님께 충심으로 감사를 드린다.

1차 TLF에 참석했던 LA 연합감리교회 김광진 목사님과 벤나이스 연합감리교회 정용치 목사님께서 2차 TLF를 후원해 주셔서 두 번째 TLF가 2002년 10월에 54명의 목회자들과 함께 개최되었다.

2003년 2월에는 토론토에서 그 지역 목회자들과 함께 3박 4일 동안 대한기도원에서 TLF를 가졌다. 하나님의 크신 역사가 토론토 TLF를 통해서 일어났다. 애틀랜타 지역과 또 C & MA 교단에서도 TLF를 갖는다. 계속해서 LA, 뉴질랜드, 한국, 달라스, 뉴욕, 뉴저지, 북가주, 그리고 시카고 지역에서도 목회자들을 위한 TLF가 개최된다. 40년 이상 연구하고 가르쳤던 리더십을 하나님 나라를 위해서 사용할 수 있다는 것이 더없이 감사하고 기쁘다.

사실 나는 리더와 리더십이 참으로 중요하다고 믿고 있기 때문에 1960년부터 지금까지 계속 공부하고 연구하고 가르쳐 오고 있다. 특히 지난 31년 동안 대학에서 직접 리더십을 강의하고 연구하면서 또 직접 목격하고 체험하면서 어느 나라나 사회나 교회나 단체를 막론하고 그 성패는 결국 지도자에게 달려있음을 분명하게 확인하였다. 특히 지난 10여 년 동안 예수대각성운동에 헌신해 오면서는 영적 리더십의 중요성을 더욱 실감하고 있다.

그동안 리더십의 필요를 더욱 실감하면서 기도하는 중에 하나님께서 나에게 "토탈 리더십(Total Leadership: A model for the 21 Century Leadership)"에 대한 비전을 주셔서 전적인 하나님의 은혜와 도우심으로 60시간에 걸쳐 다룰 수 있는 세미나 텍스트를 만들었다. 이 텍스트를 곧 책으로 집필해서 출판하려고 준비하고 있다. 이 책이 다음 세대 모든 분야의 리더들을 훈련하는데 크게 사용되기를 기도한다.

GLF 미션을 성취하기 위한 토탈 리더십 훈련

2003년 7월 JAMA 전국대회를 기점으로 해서 2004년 여름방학부터는 미국과 한국, 그리고 세계 각국으로부터 크리스천 대학생·대학원생 리더들을 미국에 초청해서 본격적인 토탈 리더십 훈련을 시작하려고 한다. 이것이 GLF의 오리시널 미션(original mission)이며 GLF의 본격적인 사명으로 시작될 것이다.

처음에는 200명 정도부터 시작할 것이나 충분한 재정과 훈련시킬 리더들이 준비되면 매년 1,000명씩 훈련할 계획이다. GLF 미션을 본격적으로 성취하기 위해서는 다음과 같은 특색(Feature)으로 훈련하려고 한다.

참가자의 50%는 북미(미국과 캐나다)에서, 그리고 나머지 50%는 한국을 비롯하여 전 세계 각지에서 모을 것이다. 개교회 목사님들이나 선교사님들의 추천으로 받을 것이다. 참가 자격은 교포 2세 또는 3세 대학생·대학원생으로 하되(모국 한국 학생들 포함) 신앙으로 잘 훈련되고 리더십의 잠재력(potential)을 가진 학생이어야 하며 영어에 별로 불편이 없어야 한다.

몬터레이 베이를 배경으로 GLF에 참석한 2세 목회자들과 함께

훈련 기간은 적어도 1개월이 될 것이며, 그들은 기독교 세계관, 말씀 묵상(Q.T.)과 적용 훈련, 회개를 통한 내적 치유, 인생 변화(Life Transforming) 체험, 체력 단련, 휄로쉽(Fellowship), 그리스도인의 아이덴티티와 오너쉽, 비전 받는 훈련(Vision Training), 각자가 살고 있는 나라와 세계에 대한 오너쉽, 총체적인 지도력 훈련(Total Leadership Training), 멘토링과 코칭(Mentoring and Coaching), 전문 분야별 글로벌 네트워킹(Global Networking), 각 주류에 영향력을 발휘할 전략, 자신이 살고 있는 나라의 영적 각성과 부흥에 대한 헌신, 주님의 지상명령(Great Commission) 성취를 위한 헌신 등을 중심으로 집중적으로 훈련받을 것이다.

하나님의 소원을 이루기 위하여

참가자들은 사관생 훈련소처럼 숙식을 같이 하면서 영적, 지적, 정신적, 정적, 그리고 신체적(spiritual, intellectual, psychological, emotional and physical) 훈련을 받되 모든 훈련은 반드시 팀워크(Teamwork)로 진행할 것이다. 중요한 한 가지는 참가자들을 서로 같은 전공별로 그리스도 안에서 형제자매로 결속(Christ bonding)하게 해서 같은 분야에서 평생토록 서로를 도우면서 함께 세워 성장 발전하고 각 나라의 리더로서 그리스도의 대사로 영향력을 발휘하며 그리스도의 지상명령을 효과적으로 이루어 가도록 하는 것이다.

예를 들면 경제학을 공부하는 학생들이 미국과 한국과 전 세계의 우수한 대학에서 50명이 참가했다고 하자. 미국 동부의 하버드, 컬럼비아, 프린스턴, 펜실베이니아, 메릴랜드, 남부의 듀크, 조지아 텍, 플로리다대학, 중서부의 시카고, 일리노이, 오하이오 스테이트, 인디아나대학, 워싱턴대학(St. Luis) 미시간, 서남부의 텍사스, 휴스턴, 라이스, SMU, 서부의 버클리, 스탠포드, UCLA, USC, 워싱턴, 샌디에고(UC San Diego)에서, 그리고 브리티쉬 컬럼비아대학교(Univ. of British Columbia), 토론토대학교(Univ. of Toronto), 맥길대학교(Mcgill Univ.) 등에서, 한국의 우수 대학교에서, 일본의 동경대, 와세다대학, 싱가포르 국립대학, 대만 국립대학, 중국 북경대학, 연변대학, 러시아의 모스크바대학, 피터즈버그(St. Petersburg) 대학, 카자흐스탄 국립대학, 우즈베키스탄 국립대학, 필리핀의 마닐라대학, 아르헨티나 국립대학, 칠레 국립대학, 브라질 상파울루 국립대학, 과테말라 대학, 독일의 베를린 대학, 튜빙겐 대학, 프랑스 소르본느대학, 스웨덴 스톡홈대학, 영국의 옥스퍼드, 케임브리지, London School of Economics 등에서 공부하고 연구하는 젊은 학생들과 대학원 학생들이 GLF에 참석하였다고 하자.

그들이 한 달 동안 합숙 훈련을 하면서 팀워크(teamwork)를 하고 휄로쉽을 가지며 그리스도 안에서 형제자매로 결속하게 한다. 그리고 그동안 배운 것도 서로 나누게 한다. 영적인 훈련뿐만 아니라 앞으로 경제학자 또는 전문가로서 그리스도의 영광을 위해서 어떻게 자신들이 살고 있는 지역사회와 나라와 세계를 섬길 수 있는가를 이미 실력 있고 영향력 있는 크리스천 경제학자나 전문가들을 초청해서 특강을 하며 듣고 서로 토론하게 한다. 그런 활동들을 통해서 총체적인 비전을 받게 하고 그 비전에 헌신해서 최고의 실력을 쌓도록 준비시키는 것이다.

그들이 훈련을 받고 본국에 돌아가서는 경제학을 계속 공부하고 연구하면서 각 대학의 유명한 교수에게서 배우는 모든 자료와 정보와 지식을 웹사이트를 통해서 GLF에 참여한 학생들끼리 계속해서 서로 교환하는 것이다. 상상해 보라. UCLA에서 경제학을 전공하는 우리 2세 학생이 전 세계 각 대학에서 경제학을 공부하는 그 친구들로부터 웹사이트를 통해서 중요한 정보와 자료를 매주 정기적으로 받는다고 하자. 그는 각국에서 일어나고 있는 경제 사정뿐만 아니라 교수들에게서 배운 가장 중요한 최고의 정보와 지식을 한꺼번에 받게 되는 것이다.

GLF에 참가한 학생은 어느 나라 어느 대학에서 공부하든 상관없이 그 주간 동안에 전 세계에서 다루어진 지식과 정보를 각 분야에 따라 웹사이트를 통해서 다 받을 수 있다는 것이다. 그들은 대학에서 교수에게 논문을 제출할 때나, 강의실에서 토의를 할 때나, 혹은 연구 활동을 할 때 그들이 세계 각국에서 받은 정보와 자료를 비교 분석하고 그것을 사용하면 그들이 곧 그 분야에서 대단한 실력자로 인정받지 않겠는가? 대부분의 경우 학생이 교수에게 실력을 인정받으면 그는 교수에게 발탁되어 제자가 되고 스칼라십을 받으며 결국 박사 과정까지 마칠 수 있게 된다. 그렇지 않더라도 실력자로 인정받아 졸업 후 중요한 위치에서 활동할 것이다. 그들은 앞으로 30년 또는 50년 동안 계속해서 웹사이트를 통해서 경제 정보와 자료를 교환하면서 각 나라의 경제 분야 주류에서 큰 영향력을 발휘할 수 있을 뿐만 아니라 함께 힘과 실력을 합하여 세계 경제 주류에 엄청난 영향력을 줄 수 있다고 믿는다.

이렇게 우리 자녀들이 경제학 분야뿐만 아니라 모든 분야마다 그리스도로 결속되어 평생 동안 그들의 지식과 정보와 자료를 서로 나눈다고 생각해보자(knowledge networking). 또 그들이 서로를 위해 기도해 주고 격려하며 함께 영적으로 성장해간다고 생각해보자(spiritual networking). 성령님께서 그들에게 역사하시면 그들은 모든 분야에서 각 나라뿐만 아니라 그들이 살고 있는 대륙과 세계의 주류에 엄청난 영향력을 함께 발휘하게 될 것이다.

이러한 영적, 지적 네트워킹을 통하여 결국은 세계화를 촉진하는 7개의 대세력의 고삐를 점령하자는 것이다. 그리스도의 대사인 그들이 세계화를 주도하는 세력을 잡고 하나님의 뜻을 따라 세계를 이끌어 간다면 하나님의 소원이 그들을 통해서 이루어질 것이다. 그들의 영적 영향력을 통해서 그들이 살고 있는 나라들이 회개하고 하나님께로 돌아올 것이며 영적 대각성과 부흥이 일어나지 않겠는가? 각 나라의 영적 대 각성과 부흥이 일어나고, 그리고 세계 각 나라들이 변화할 때 결국에는 주님의 지상명령이 성취되리라 믿는다.

하나님께서 앞으로 30년 동안 매년 1,000명씩 훈련하라는 비전을 주셨다. 세계 각국과 세계 주류에 영향력을 발휘할 성령 충만한 3만 명의 리더들(transforming ambassadors)을 훈련하는 대과업이다. 30년이 긴 세월 같지만 결코 그렇지 않다. 지나온 30년을 되돌아보면 잠깐이었을 뿐이다.

GLF를 통해 훈련받은 리더들의 수가 늘어나면 그들이 세계 각 대륙마다 몇 개의 지역으로 나누어서 모임을 결성하고 계속해서 서로 협력하면서 그 지역을 위한 전략을 세워 구체적인 행동을 취할 것이다. 또한 지역마다 GLF 센터를 만들어서 각 지역의 특수성에 맞는 지도자 훈련을 시작할 것이다. 10년 후가 되면 초기에 훈련받은 그들이 점점 주류 사회에서 영향력을 발휘하지 않겠는가? 그들이 GLF 본부와 협력하면서 같이 그 지역사회의 청년 대학생들을 위해서 계속해서 지도자 훈련을 할 것이다. 이 사역은 반드시 각 지역의 교회와 교회 지도자들과 함께 협력하며 이루어 갈 것이다.

상상을 해보자. 30년 동안 전 세계 각 나라에서 수십만의 리더들이 배출되어 세계 차원의 영향력을 발휘하는 큰 세력이 모든 분야에서 형성되어 큰 영향력을 발휘할 뿐만 아니라 각 나라의 인력과 자원을 동원해서 주님의 지상명령 성취를 총체적으로 마무리 짓는 그 때를…. 30년 후면 세계는 거꾸로 뒤바뀔(up side down) 것이다. 세계에 퍼져 있는 우리 크리스천 자녀들을 통해서….

'왜 GLF를 미국에서 시작해야 하느냐?' 하는 질문을 할 수 있을 것이다. 미국은 누가 뭐라 해도 세계의 센터인 것만은 사실이다. 예를 들면, 세계 의학계도 미국 의학계의 인정을 받지 못하면(특수한 예외가 있겠지만) 세계적인 영향을 주기가 힘들다. 경영학도, 하이테크(Hightech)도, 바이오테크(Biotech)도, 엔지니어링(Engineering)도 그렇고 정치학, 신학, 심리학도 그렇다. 대부분의 발명도 마찬가지이다. 결국은 세계의 주류와 연결되어야 한다. 세계에 퍼져 있는 우리 크리스천 2세, 3세 대학·대학원 학생, 그리고 전문인들을 세계의 센터로 초청해서 세계의 센터에서 공부하고 있는 우리 학생들, 이미 미국과 세계의 주류에 진출한 젊은 전문인 리더들과 그리스도 안에서 평생토록 형제자매로 결속을 시켜서 그들을 세계 모든 나라가 인정하는 실력 있고 성령 충만한 리더들로 훈련시키자는 것이다. 그렇게 함으로 세계 모든 나라에 살고 있는 우리 교포 자녀들과 모국의 자녀들을 통해서 그들이 살고 있는 나라들이 그리스도로 부흥 변화되고 복을 받는 나라들로 만들자는 것이다.

GLF의 비전이 엄청나서 성취가 불가능하다고 생각할 수도 있을 것이다. 나는 학자이다. 내가 학자로서 모든 지식을 동원해서 생각해도 한국과 전 세계에 퍼져 있는 우리 교포들과 그 자녀들과 교회를 통해서 이 엄청난 비전이 이루어진다는 것은 인간적으로는 불가능하다고 할 수 있다. 그러나 이것은 인간의 야심이 아니요 분에 넘치는 욕망이 아니다. 이것은 우리를 향한 하나님의 소원이요, 기대이며, 뜻이고, 섭리이다. 이 비전이 하나님의 소원이요 뜻이라면 이 비전은 성취가 완전히 가능하다. 왜냐하면 전지전능하신 하나님 (Almighty, all-powerful, all-knowing and everpresent God)께서 직접 역사하시기 때문이다.

하나님께서는 우리에게 이미 성령 충만의 능력을 주셨다 (empowered by the Holy Spirit). 지금은 이것을 믿음으로 활성화해서 행동할 때이다. 그 결과는 모든 능력과 권세를 가지신 부활이요 생명이신 예수님, 길이요 진리요 생명이신 예수님께 달려있다. 예수님께서 제자들에게 친히 말씀하셨다. "예수께서 나아와 일러 가라사대 하늘과 땅의 모든 권세를 내게 주셨으니 그러므로 너희는 가서 모든 족속으로 제자를 삼아 아버지와 아들과 성령의 이름으로 세례를 주고 내가 너희에게 분부한 모든 것을 가르쳐 지키게 하라 볼지어다 내가 세상 끝날까지 너희와 항상 함께 있으리라 하시니라"(마 28:18-20) "내가 진실로 진실로 너희에게 이르노니 나를 믿는 자는 나의 하는 일을 저도 할 것이요 또한 이보다 큰 것도 하리니…"(요 14:12-14). 그리고 사도 바울은 "내게 능력 주시는 자 안에서 내가 모든 것을 할 수 있느니라"(빌 4:13)고 고백했을 뿐 아니라 자신의 삶으로 그것을 실제로 보여주었다.

장기적이고 항존적인 사역을 위한 재단 설립

이것은 하나님께서 마지막 때에 전 세계에 퍼져 있는 우리 한인 크리스천들에게 주신 하나님의 최대의 소원이라고 믿는다. "구슬이 서 말이라도 꿰어야 보배"라는 속담이 있다. 세계에 퍼져 있는 수많은 우리 자녀들을 보라. 그들은 너무나 귀한 진주, 다이아몬드, 루비의 구슬들이다. 너무나 귀하고 값진 보배들이다. 그러나 그대로 두면 빛을 발하지 못한다. 값이 떨어진다. 그들이 최고의 가치로 빛을 발하도록 그들을 자르고 갈고 닦아서 꿰어야한다. 철저하게 변화시키고 훈련시켜 하나님의 변화의 사신들로 만들자는 것이다. 우리가 이 대과업을 이루도록 헌신하고 투자해야 한다. 이것이 GLF의 사명이다.

이것은 우리 민족 크리스천들이 세계를 변화시킬 수 있는 가장 중요한 마지막 기회일지도 모른다. 이 기회를 놓치면 주님이 이 땅에 다시 오실 때까지 다시 기회가 없을 것이다. 우리가 이 기회를 붙잡자. 우리가 오너쉽을 가지고 헌신해서 이 사명을 국가적, 세계적인 차원에서 하나님의 영광을 위하여 함께 이루자는 것이다. 우리 삶의 최종 목표는 하나님의 영광을 보는 것(Seeing the Glory of God!)이 아닌가?

나는 이 비전을 생각만 해도 가슴이 뛴다. 이 비전 때문에 흥분되어 잠을 이루지 못한 밤이 하루 이틀이 아니다. 나는 이 하나님의 소원을 나의 사명으로 받고 4년 전부터 GLF 미션을 시작했다. 지금

하나님의 소원을 이루기 위하여

까지 하나님의 인도와 은혜 가운데 기대 이상의 많은 열매를 맺으며 진행하고 있으나 이제 본격적으로 GLF 미션을 준비하려 하니 그 부담이 너무나 커서 마음에 여러 가지 염려가 생기는 것도 사실이다. 전면적인 GLF 미션을 시행하기 위해서는 특별히 엄청난 재정이 필요하다. 이 일을 위해서 하나님께서 나에게 재단(Foundation)을 만들어 장기적이고 항존적인 기금(Endowment Funds)을 모으도록 그 비전과 부담을 주셨다.

이것은 우리의 계산을 초월한 거대한 기금이 될 것이다. 만약 재단에 거액의 기금(Endowment Funds)이 모아진다면 기금 관리(Funds management)에서 생기는 이익금만으로도 모든 하나님의 소원과 GLF 미션을 잘 실행할 수 있다는 확신을 주셨다. 앞으로 10년 동안 이 기금을 마련하도록 부담을 주셨다.

"하나님, 제가 이 일을 어떻게 감당합니까?"
"네가 하는 거야? 내가 하는 거지."
"그러나 주님, 하나님의 헌신된 비전의 자녀들을 붙여주시면서 제게 보여주세요." 나는 이렇게 간구하고 있다.

미국에 살고 있는 많은 인종 그룹(ethnic group)들은 재단을 설립해서 특수 분야의 연구나 지역사회 발전과 후생 복지 등을 돕고 있다. 빌리 그레이엄 목사님의 재단만 하더라도 우리가 계산할 수 없는 천문학적인 선교 후원금을 받고 있다. 많은 사람들이 뜻있는 일에 도네이션(Donation)을 하고자 해도 믿을 수 있는 단체나 기관을 쉽게 찾지 못한다고 한다. 그래서 그들은 믿을 수 있는 빌리 그레이엄 목사님의 재단에 도네이션을 하고 있다. 기금이 모아지기 때문에 이 재단이 얼마나 큰 일들을 능력 있게 감당하고 있는가? 그러나 한인 교포들의 경우는 아직까지 이렇다 할 만한 재단이 없다. 안타까운 일이다.

GLF 사역은 우리 코리언 크리스천들을 들어서 세계를 변화시키자는 하나님의 소원이다. 하나님께서 직접 주관하실 일이기에 하나님께서 어느 누구를 동원해서라도 이 사역을 감당케 하실 줄 믿는다. 예수 그리스도로 세계를 변화시키면서 예수님의 지상명령을 이루기 위해서 세계에 퍼져있는 우리의 2세, 3세 젊은이들을 모아 앞으로 30년 동안 리더로 훈련하라는 이 하나님의 소원을 기금이 없어서 못 이룬다면 우리는 역사상 가장 중요한 사명과 기회를 놓치게 될 것이라는 무거운 부담이 주어진다.

이 일에 많은 개인과 교회와 회사나 단체가 동참할 수 있기를 소원하며 나는 하나님께 간절히 기도하고 있다. 하나님의 소원은 반드시 이루어진다. 누구를 통해서든지 하나님께서 반드시 이루신다. 이제 분명히 하나님께서 그 소원을 우리 코리언 크리스천들에게 주셨다. 누가 여기에 오너쉽을 가지고 동참하느냐가 문제이다. 우리가 함께 하나님의 소원을 이루어 드리자.

왜 하나님께서 이 상상할 수 없는 엄청난 사명을 특별히 우리를 향한 소원으로 주셨는지 나는 이해할 수가 없다. 그러나 하나님께서 이미 비전을 주셨고 확신을 주셨으니 이것을 목숨보다 소중한 사명으로 받고 겸손히 거룩하고 순결하게 그 사명을 이루어 나가는

우리 손자 Mark, 손녀 Grace 같은 3세 자녀들을 위해서도 우리는
이 사명을 지금부터 당장 수행해야겠다.

것이다. 우리가 십자가에 달리신 예수님만 바라보고 하나님의 마음에 합당한 깨끗한 삶을 살면서 최선을 다할 때 모든 것을 하나님께서 이루실 것이다. 성령님의 인도하심과 능력으로 하나님의 소원이 이루어지는 그 날에, 다함께 하나님의 영광을 보며 주님과 함께 기쁨의 잔치에 참여할 것이다.

생각만으로 그쳐서는 안 된다. 이제는 하나님의 소원에 관해서 말하자는 것이 아니다. 같이 행동으로 이루어가자는 것이다(Just do it!). 이제는 우리가 믿음으로 확신을 가지고 일어나 빛을 발하며 함께 손을 잡고 순교자적 사명감으로 전진해 나가자.

"이제까지 숨겨둔 비밀(히 11:39-40)의 약속을 우리에게 주시고 그것을 우리를 통해서 이루시려 하시는 하나님! 그 측량할 수 없는 사랑과 은혜와 섭리와 계획을 우리에게 허락하신 하나님께 감사와 찬송과 영광과 존귀를 세세무궁토록 돌리나이다. 아멘."

맺는 글

　이 엄청난 하나님의 소원이 우리를 향해서 얼마나 간절히 외쳐지고 있는가? 귀 있는 자는 들어야 할 것이다. 이제 우리에게 주어진 가장 큰 도전은 회개(repentance)와 변화(transforming)이다. 하나님의 자녀들인 우리의 회개와 변화 없이는 이 하나님의 소원을 이룰 수 없기 때문이다. 이것은 가장 기본적이며 절대적 조건이다. 슬쩍 넘어갈 수 없는 가장 중요한 첫 단계이다. 우리 크리스천들이 지금까지 가져온 고정관념에서 벗어나지 않은 한 우리는 이 하나님의 소원을 이룰 수 없다. 우리는 회개하고 악한 길에서 떠나 변화되어야 한다. 하나님의 자녀들이 하나님의 소원을 감히 어떻게 저버릴 수 있겠는가? 이것은 우리 크리스천들에게 부여된 엄청난 기회이며 특권이다.

　이제는 철저히 회개하고 변화되어야 한다. 우리가 이 하나님의 소원이 엄청나게 큰 것을 깨닫고 그것이 성취되었을 때 받을 상급과 장차 하늘나라에서 하나님의 찬란한 영광을 볼 소망과 비교할 때 우리를 영원한 죽음으로 인도하는 죄쯤이야 다 회개하고 변화될 수 있지 않겠는가? 우리가 다니엘 같이 하나님의 소원을 이루고자 마음만 정하면 하나님께서 그 소원을 전적으로 이루어주실 것이다. 이 하나님의 소원성취를 위해서는 우리 코리언 크리스천들이 철저히 회개하며 꼭 버려야 할 것들과 또 꼭 지켜야 할 것들이 있다.

　오늘날 우리 코리언 크리스천들이 한 손으로는 예수 그리스도를,

다른 한 손으로는 배설물(오줌, 똥)을 붙들고 있다. 그래서 우리가 예수 그리스도의 향기보다는 배설물의 독한 냄새로 주변 사람들의 얼굴을 얼마나 찌푸리게 하며 또 얼마나 그들로 하여금 우리를 거절하게 하는가? 이제는 이 냄새나는 배설물을 송두리째 버려버리자. 회개하자. 예수 그리스도의 보혈로 깨끗하게 씻음 받자. 그래서 변화 받자. 예수 그리스도의 향기만을 풍기는 참 그리스도의 제자, 참 그리스도의 대사가 되자. 하나님의 아들딸로서의 권세를 마음껏 누리면서 하나님의 후사, 왕 같은 제사장으로 함께 살자.

"너희는 이 세대를 본받지 말고 오직 마음을 새롭게 함으로 변화를 받아 하나님의 선하시고 기뻐하시고 온전하신 뜻이 무엇인지 분별하도록 하라"(롬 12:2)

우리는 너무 배타적이다. 어떤 사람이 내 의견에 찬성하면 그는 나의 친구가 되고, 그가 내 의견에 반대하면 그는 나의 원수가 되는 것을 나는 교회 안에서도 너무 많이 보아왔다. 이것은 그리스도인의 향기 나는 삶이 아니다. 이것은 더러운 똥 냄새이다. 이러한 추한 삶을 당장 벗어버리자. 회개하자. 그리스도의 피로 씻음 받고 정결한 삶을 살기로 결단하자. 마음을 정하자. 그리스도의 사랑으로 서로 이해하고 돕고 세우면서 아름다운 인간관계를 이루자. 그리스도의 심장으로 나라와 세계를 가슴에 품고 나누고 베풀며 살자.

우리는 교회 안에서도 서로 믿지 못하고 의심부터 한다. 이것도 버려야 할 배설물이다. 그리스도인의 향기가 아니다. 이 습관도 벗어버리고 회개하자. 하나님의 자녀들인 우리가 서로 믿고 신뢰하지 못하면 마귀와 믿고 신뢰하며 살겠는가? 이것도 마음을 정하고 고치자. 그리스도의 피로 씻음 받자. 가정에서도, 교회에서도, 직장에서도, 이제는 서로 신뢰하고 격려하는 풍토를 만들어가자.

우리는 극히 이기적이고 분열적이다. 우리 성도들마저도 나만 잘 되고, 내 자식만 잘 되고, 내 교회만 잘 되면 된다는 식의 극히 이기적인 생각을 가지고 살고 있다. 우리는 '제일'이나 '중앙'이라는 말을 좋아하고 많이 사용하는 문화 속에서 살아왔다. 지극히 이기적인 사고방식이다. 그것은 반드시 분열을 초래한다. 잘 되면 교만해지고 못되면 열등감으로 꽉 차게 된다. 결국 시기와 질투와 미움과 증오심과 낙심과 실망의 결과를 가져온다. 이것도 그리스도인의 향기가 아니다. 더러운 똥 냄새이다. 이것도 회개하고 그리스도의 피로 깨끗하게 씻음 받자. 이제는 나만 생각하기보다는 남을 생각하고 서로를 축복하고 격려하고 서로 받들어 세우는 문화를 만들자. 서로가 서로에게 축복이 되는 삶을 살기로 결단하고 그렇게 한 번 살아보자.

우리 코리언 크리스천들은 과장하고 겉치레(Showing-off) 하기를 좋아한다. 열심히 수고하고 노력해서 좋은 집과 좋은 자동차를 사고 좋은 옷을 사 입는 것을 비난하는 것이 아니다. 그러나 주님을 따르는 제자들이 지나치게 과장하고 겉치레(showing-off)하는 것은 좋지 않다.

얼마나 좋은 집에 사느냐보다는 그 집에 사는 사람이 어떤 사람이냐가 더 중요하고, 얼마나 좋은 옷을 입느냐보다는 그 옷을 입은 사람이 어떤 사람이냐가 더 중요하며, 얼마나 좋은 자동차를 타느냐보다는 그 자동차를 타는 사람이 어떤 사람인가가 더 중요하지 않겠는가? 이같은 허영도 냄새나는 배설물이다. 악취 풍기는 똥이다. 이것도 회개하고 그리스도의 피로 씻음 받자. 우리의 품성이 순결하고 거룩한 예수님의 품성으로 닮아가자. 예수님만이 우리의 자랑이 되게 하자.

우리는 예수 그리스도를 믿는 성도들인데도 대부분의 경우 우리끼리만 서로 잘 대접하고 너그럽다. 내 가정, 내 자녀, 내 교회를 위해서는 지나칠 정도로 관대한데 우리가 살고 있는 이웃이나 지역사회의 문제에 대해서는 별로 관심을 갖지 않고 협력하지도 않는다. 우리는 우리 자녀들이 잘 되고 존경받기를 원하면서도 그들이 살아야 할 커뮤니티에는 별로 관심이 없다. 무관심도 죄다. 은근히 냄새나는 배설물이다. 이것도 회개하자. 그리스도의 피로 씻어 변화 받고 이제는 주인 노릇을 하며 이웃을 위해서 베풀며 살자. 주변을 돌보며 살자. 우리가 그리스도의 향기를 풍기며 살지 못하면 누가 하겠는가?

우리는 쓴 뿌리와 상처와 한(恨)이 많은 사람들이다. 더 이상 언급할 필요가 없는 이슈이다. 우리가 쓴 뿌리와 상처와 한을 뿌리째 뽑지 않고 신앙생활을 한다면 우리는 계속해서 갈등 속에서 투쟁해야 할 것이다. 내 안에 상처와 한이 있으면 어디에서 누구와 무엇을 하든 반드시 상대방에게 상처와 아픔을 주게 되어있다. 대상이 남편이든 아내든, 자녀이든 부모이든, 목회자이든 성도이든 상관이 없이 상처는 상처를 낳는다. 기어코 아픔을 주게 되어있다. 가정에서도, 교회에서도, 직장과 사회에서도… 이 상처와 한이 불화와 갈등의 원인이 된다. 슬픈 일이 아닐 수 없다.

이제는 이것들을 가진 채로 주님을 섬길 수가 없다. 가장 고약한 냄새를 풍기는 배설물인 똥이다. 이것들을 뽑으려면 지독하게 아프고 쓰리다. 나도 이것을 뼈저리게 체험했다. 이것들이 나의 삶과 인격을 파괴하고 있는 것을 깨닫고 나는 얼마나 울부짖으며 뿌리째 뽑는 아픔의 고통을 느끼면서 회개했는지 모른다. 이것들을 가지고는 아무리 성공하고 실력을 갖추었을 지라도 절대로 진정한 행복과 기쁨을 누리지 못한다. 한 번은(once and for all) 이것들을 통째로 뽑아야 한다. 뽑은 상처를 예수 그리스도의 피로 깨끗하게 치료해야 한다. 절대로 이것들이 예수님과 공존할 수 없다. 이것이 아니면 저것이다. 이제는 마음을 정하고 선택해야 한다. 어느 때까지 이 악취 내는 배설물들을 지니고 살 것인가?

우리는 너무나 피해의식(victim's mentality)을 가지고 산다. 피해의식을 가지고 살면 모든 일이 잘 될 때에도 마음에 진정한 평화가 없고 교만으로 꽉 차이게 되고 일이 잘못될 때에는 언제나 잘못된 원인의 비난할 대상을 찾아 그 대상을 심히 공격한다. 피해의식을 가진 사람은 하나님께서 주신 모든 은사를 최대한으로 사용하여 발전시킬 수가 없다. 이것도 지독하게 악취를 풍기는 배설물이다. 이것도 회개하고 예수님의 피로 깨끗하게 씻어버려야 한다.

우리들은 거짓이 많고 진실성이 부족하여 하나님의 영광을 가리우는 일들이 너무 많다. 이것은 인테그리티(integrity: 진실성)의 문제이다. 인테그리티는 크리스천의 삶에 있어서 없어서는 안될 가장 중요한 요소 중의 하나(essential element)이다. 왜냐하면 이것은 예수 그리스도의 성품의 하나이기 때문이다.

"와서 가로되 선생님이여 우리가 아노니 당신은 참되시고(a man of integrity) 아무라도 꺼리는 일이 없으시니 이는 사람을 외모로 보지 않고 오직 참으로써 하나님의 도를 가르치심이니이다…"(막 12:14)

그리스도인들의 인테그리티가 결여되므로 인해서 그것이 가정과 교회의 차원을 넘어서 사회적인 문제로까지 확산되는 것을 너무도 자주 본다. 하나님의 자녀들이 믿지 않는 사람들 가운데서 하나님과 예수 그리스도의 이름을 모독당하게 하는 일이 너무도 많다. 이 인테그리티가 코리언 크리스천문화에 뿌리를 내리지 못하고 극히 결여된 것을 볼 수 있다.

우리 크리스천들의 인테그리티는 참으로 중요하다. 나는 인테그리티 이슈를 우리 크리스천들과 교회들의 가장 큰 문제 중의 하나로 지적하고 싶다. 이것은 대단한 냄새를 풍기는 배설물이다. 생각해보면 이것은 예수 그리스도와 대결하는 죄이다. 교회 리더들과 성도들이 아무리 영성을 높이 쌓고 믿음이 크다고 주위에서 인정을 받는다 할지라도 인테그리티가 결핍되면 모든 것이 헛것이다. 우리가 이 죄를 개인적으로, 가정적으로, 교회적으로, 사회적으로, 국가적으로 철저하게 회개해야 한다. 특히 교회 지도자들에게 당면한 큰 도전이며 책임이다. 인간들의 삶에 직접 영향력을 주는 도덕적인 힘(moral power)은 바로 인테그리티로부터 나오기 때문이다. 예수님을 말로 함정에 빠뜨려 책잡으려고 했던 바리새인들과 헤롯당원들까지도 예수님의 인테그리티를 인정했던 것을 우리는 성경에서 볼 수 있다(막 12:14).

인테그리티는 하나님께서 보시는 앞에서(사람 앞에서가 아니라) 옳은 일을 행하는데 무조건 헌신하는 삶을 의미한다(Integrity is unconditional commitment to do what is right in the eyes of God). 따라서 이 인테그리티는 약속을 이행하는데 성실하고(誠實- 말씀이 이루어져 열매를 맺음; sincere in promise), 맡은 의무를 수행하는데 신실하고(信實- 사람의 말이 열매를 맺음; faithful in discharge of duties), 돈에 관해서 위로 곧게 정직하며(upright in finance), 마음이 순결하고 동기가 순수하며(pure in heart and motive), 섬기는 일에 충성하며(忠誠- 마음의 중심에 말씀이 이루어짐; loyal in service), 말에 있어서는 정직하며(honest in speech), 어떤 결정을 할 때에는 공의롭고 공평하며(just and fair in decision making), 그리고 인간관계에 있어서는 신용할 만하다(trustworthy in relationship)는 8가지의 내용이 포함되어 있다. 우리가 이 인테그리티의 성품을 가지신 예수 그리스도를 제자로서 따라간다고 하는 것은 우리의 실제 삶에 엄청난 도전일 뿐 아니라 꼭 시행해야 할 인격의 성품이다. 우리가 많은 약속들을 얼마나 성실하게 이행했는가? 우리가 맡은 임무를 얼마나 신실하게 수행했는가? 특히 하나님의 우리 각자를 향한 소원을 얼마나 신실하게 이행했는가? 우리가 돈을 벌고 쓰는 일에, 그리고 재정관리에 있어서 하나님 보시는 앞에서 얼마나 정직했는가? 우리가 우리의 삶을 사는데 얼마나 순결한 마음으로, 그리고 얼마나 순수한 동기로 선택하고 결정하고 일을 처리했는가? 우리의 육체와 정서와 생각과 정신과 영혼의 순결성을 위하여 우리 자신들이 얼마나 최선을 다 했는가? 우리가 섬기는데 있어서 얼마나 진심으로 충성했는가? 우리가 말을 전하는데 있어서 얼마나 정직했는가? 우리가 일을 결정할 때마다 그 결정에 영향을 받는 모든 사람에게 얼마나 공정하고 공의로웠는가? 우리가 모든 관계에 있어서(하나님과의 관계와 사람들과의 관계에 있어서) 얼마나 신용할 만했는가?

우리 크리스천 각자가 먼저 위에 언급한 조목조목을 자신의 삶에 비추어 살펴보아야 한다. 그래서 거리끼고 잘못된 모든 것을 다 회개하고 처리함으로서 새로운 크리스천의 삶(즉 Christ-centered life)의 풍토와 문화를 이루어가자는 것이다. 특히 한국의 크리스천들과 미국을 중심으로 한 세계에 퍼져있는 한인 교포 크리스천들이 그리스도 중심의 인테그리티의 삶만 살 수 있다면 원수까지도 우리를 인정할 뿐 아니라 21세기 세계 복음화에 가장 강하고 담대한 영향력을 줄 수 있다고 믿는다.

내가 이 땅에서 삶을 마치고 천국으로 갈 때 내 아내와 내 자녀들과 내 동료·동역자들이 나의 장례식에서, "김춘근 장로는 하나님의 사람(man of God), 사랑의 사람(man of love), 신앙의 사람(man of faith), 비전의 사람(man of vision), 열정과 헌신의 사람(man of passion and commitment), 그리고 진실의 사람(man of integrity)이었다."고 나를 인정하고 또 내가 하나님 앞에 설 때 그렇게 인정받을 수 있다면 그 이상 무엇을 바라겠는가? 하나님의 전적인 은혜로 나의 하나님을 향한 이 서원이 꼭 이루어지기를 간절히 기도하면서 그렇게 살 수 있도록 매일 전진할 것이다.

마지막으로, 우리가 그리스도 안에서 새로운 피조물로 되지 않으면 하나님의 소원을 이룰 수가 없다. 죽지 않으면 새로운 피조물이 될 수 없다(고후 5:17).

따라서 사도 바울은 내가 그리스도 예수와 함께 못 박혔으니(죽었다는 의미) 이제는 내가 사는 것이 아니요 내 안에 그리스도가 삶이라고 고백하였듯이(갈 2:20) 이 모든 죄와 함께 우리가 먼저 십자가에서 죽자. 그리고 그리스도가 내 안에 살고 내가 그 안에 사는 새로운 피조물이 되어 이 하나님의 엄청난 소원을 이루자. 그리하여 우리 모두가 같이 하나님의 아들 예수 그리스도의 이름으로 구하여 하나님의 소원이 우리를 통해서 이루어지는 그때 우리 구주 예수 그리스도로 인하여 하나님께서 영광을 받으시도록 하자.

예수님이 부활이요 생명이시다. 그가 우리를 새로운 피조물로 만드셨고 생명력 있는 엄청난 새 삶을 약속하지 않으셨는가? 회개해서 변화되자. (여기에서 변화는 'transformation', 즉 다시 과거로 돌아갈 수 없는 완전히 바뀌어진 삶을 의미한다. 단순한 change와는 다른 개념이다) 하나님의 소원과 비전을 이루어 드리기 위하여….

나는 자쉬 맥도웰(Josh McDowell)과 잘 아는 사이이다. 그는 과거 40여 년 동안 미국과 세계에서 젊은이들에게 가장 영향력 있게 그리스도를 증거한 위대한 그리스도의 대사이다. 나는 그의 간증을 들었다. 그의 심장에는 누구보다도 심한 상처와 한과 쓴 뿌리가 가득했다. 그의 아버지는 알코올 중독자 중에서도 가장 심한 알코올 중독자였다. 아버지 때문에 자쉬의 누나가 자살했다. 그 어머니는 "자쉬, 네가 고등학교를 마치면 나는 화병으로 죽을 것이다."라고 입버릇처럼 말했는데 자쉬가 고등학교를 졸업하자 기어이 그의 어머니는 한 맺힌 화병으로 세상을 떠났다. 아버지가 심한 알코올 중독 현상으로 자주 무섭게 발작을 했기 때문에 자쉬와 그의 형은 아버지를 곳간 침대에 밧줄로 묶어 놓기도 했다. 아버지 때문에 집안이 망하고 있을 때 자쉬의 형은 아버지를 법정에 고소해서 집을 소유하게 되었다. 자쉬의 형은 그 집을 팔아 돈을 챙겨 가지고 어디론가 떠나버렸다.

이런 환경에서 자란 자쉬는 설상가상으로 학교에서는 선생님에게 꾸중을 들으면서 심하게 말을 더듬게 되었고, 대학 시절에는 결혼하기로 약속했던 여자 친구와도 헤어지는 아픔을 갖게 되었다. 상상해 보라. 이러한 환경에서 쌓이고 쌓인 자쉬의 한과 상처를 누가 가히 상상이라도 할 수 있겠는가? 그는 모든 것을 잃었다고 생각했다. 그에게는 아무 소망도 없었다.

그가 휘튼(Wheaton)대학에 다닐 때 학생들을 위한 부흥 집회가 있었다. 마지막 날 밤 헌신의 시간이었다. 강사가 학생들에게 자기가 가지고 있는 것을 하나님께 바치며 헌신하라고 했다. 자쉬는 아무리 생각해도 하나님께 드릴 것이 아무것도 없었다. 마음에는 상처와 한뿐이었다. 헌금할 돈도 없었다. 정말 바칠 것이 아무것도 없었다. 그는 강당 밖으로 뛰쳐나왔다. 그리고 "하나님, 다른 동료들은 바칠 것이 그렇게도 많은데 나에게는 하나님께 드릴 것이 한 가지도 없습니다. 나는 모든 것을 잃었습니다." 외치면서 그는 하나님께 울부짖었다. 간장을 에이는, 심장이 터질 것 같은 울부짖음이었다. 그때 하나님께서, "자쉬, 나는 네가 바칠 것이 없는 것을 안다. 나는 네 생명 전체를 원한다. 네 인생 전체를 원한다. 그것을 바칠 수 없겠느냐? 네 한도, 상처도, 쓴 뿌리도 모든 것을 송두리째 네 생명과 함께 나에게 바쳐라. 나는 네 전체를 원한다."라고 하시면서 자쉬의 '헌신'을 원하셨다.

그때 자쉬는 자기를 위해서 십자가에 달려 죽으신 예수님께서 자기의 모든 상처와 한과 쓴 뿌리, 그리고 다른 모든 죄들을 단번에 용서해 주신다는 엄청난 체험을 하게 되었다. 바로 그 날 밤 자쉬는 하나님께 자신을 헌신했다. 그 후 자쉬는 세상에서 가장 아름다운 동역자 아내를 만났고, 그의 말더듬증도 점점 사라졌고, 탈벗신학교를 우수한 성적으로 졸업하게 되었다. 그 뒤 그의 아버지는 아들 자쉬를 통해서 예수 그리스도를 믿고 새사람(new creation)이 되었다. 자쉬는 과거 40년 동안 미국과 세계의 모든 대학가와 고등학생들, 그리고 청장년들에게 가장 영향력을 끼치는 그리스도의 복음의 사도가 되었다.

나는 자쉬와는 비교도 할 수 없는 작은 존재이다. 그러나 나도 쓴 뿌리와 상처와 한이 충만했던 사람이었다. 가난한 농촌 가정에서 태어나서 여섯 살에 아버님을 여의고, 같은 해에 세 살 난 여동생과 한 살도 채 되지 않은 여동생을 잃었고 홀어머니와 누나와 같이 살았다. 서울대학교에도 두 번이나 떨어졌다. 가난하고 의지할데 없이 서울에서 살면서 어떤 때는 먹을 것이 없어서 열 끼를 굶기도 했고 많은 무시와 상처를 받고 살았다. 어머니의 고생은 이루 말로 표현할 수가 없었다. 가난한데다가 전라도 사람이라는 이유로 사귀던 여자친구와도 헤어져야 했으며, 서울대를 나오지 않아서 취직하기도 힘이 들어 분과 상처와 한을 가슴에 안고 미국에 왔다. 열심히 공부해서 교수가 되는 것만이 내가 살 길이라고 믿고 1967년 돈 200불과 가방 셋을 들고 아내와 함께 미국에 온 것이다. 돈도 없고 백도 없으니 누가 우리를 반겨주었겠는가?

일을 해서 내 학비를 마련하랴, 공부하랴, 딸을 키우랴… 아내와 나는 지독하게 고생을 하면서도 최선을 다했다. 어떤 때는 78시간 동안 1분도 자지 않고 공부하기도 했다. 밤낮 3일하고도 6시간을 앉아 있었다. 수많은 밤을 꼬박 새우며 공부했다. 나는 평균 4시간 정도 자면서 공부와 일을 같이 했다. 병원에서 밤일을 하면서는 6개월 동안이나 죽은 시체도 치웠다. 1970년 2월에는 우리 은행구좌에 단

하나님의 소원을 이루기 위하여

돈 1불밖에 없었다.

지독한 노력 끝에 미국 정치학(정책 분야)으로 박사학위를 받았다. 드디어 패퍼다인대학 교수가 되었다. 108대 1의 경쟁을 뚫고 교수가 되었다. 4년 후에는 학생들을 잘 가르친다고 최우수 교수상까지 받았다. 이제는 열등감과 상처와 한이 교만과 함께 뒤범벅이 되었다. 나는 교회에서 집사였지만 미움과 시기와 교만과 한과 갈등이 연속되는 삶을 살았다. 교수가 되어 살 만하게 되었을 때 이제는 간염, 간경화로 사형 선고를 받았다. 내 의사 헌든(Dr. Herndon)은 30년 동안이나 간을 연구하며 환자를 보아온 간 전문가였는데, 나 같은 상태에서 회복되어 산 사람이 한 사람도 없다고 나에게 알려주었다. 나는 완전히 사형 선고를 받고 죽기를 기다려야 했다.

나는 그렇게 죽을 수는 없었다. 나는 하나님께 매달렸다. 하나님께서 강권적으로 내 죄를 송두리째 뿌리를 뽑으시고 나를 회개시키셨다. 지독하게 아팠다. 너무도 고통스러웠다. 가슴이 찢어지고 터질 것 같은 아픔으로 얼마 동안을 절규했는지 모른다. 나는 죄를 용서해 달라고 부르짖었다. 그리고 또 부르짖었다. 한 번만 살려주시라고….

하나님께서 나에게 도전하셨다.

"네 생명이 그렇게 소중하고 가치가 있어서 나의 가장 소중하고 가치 있는 내 아들 예수 그리스도를 십자가에서 피 흘려 죽게 함으로 내가 너를 영원한 죽음에서 영원한 생명으로 구원했는데… 네가

1955년에 예수 그리스도를 만난 이후 오늘 1977년 6월 24일까지 22년 동안 너는 나를 위해서 무엇을 했느냐?"

심장을 찌르는 듯한 하나님의 강한 음성에 나는 완전히 산산조각이 되었고… 마침내 나는 빅베어 마운틴(Big Bear Mt.)에서 주님께서 나를 새로운 피조물로 만드시는 엄청난 체험을 하게 되었다.

나는 하나님께서 생각나게 하는 나의 모든 죄들을 52페이지나 되게 적었다. 그 죄들을 하나하나 처리하면서 나는 죄에서 해방되어 주님이 주시는 엄청난 자유를 맛보게 되었고(진리가 너희를 자유케 하리라 하신 말씀처럼), 그 뒤 1년 2개월 만에 약 하나 쓰지 않고 자연 음식 요법으로 하나님의 은혜와 기적으로 건강을 회복했다.

그 이후 나는 진리(예수님) 안에서의 자유를 통해서 초자연적인 삶을 사는 비결을 깨닫게 되었고 오늘까지 도저히 이해할 수 없고 상상할 수 없는 하나님의 전적인 은혜 가운데서 인도함을 받으며 살고 있다. 이러한 삶 속에서 하나님께서는 나로 하여금 하나님의 엄청난 소원을 비전으로 받게 하시고 그것을 목숨보다 소중한 사명으로 내 심장에 부담으로 주셨다. 그러나 나는 무가치(unworthy)하고, 준비가 되지도 않았으며(unprepared), 그리고 자격도 없음(unqualified)을 고백하면서 "어떻게 감히 내가 그 엄청난 하나님의 소원을 내 사명으로 받아 그 일을 감당할 수 있겠습니까?"라고 항의(?)했더니 "내가 너를 통해서 내가 역사하고 있는 것을 분명히 보여줄 것이다."고 말씀하셨다. 하나님께서 나 같은 사람을 변화시켜서 이렇게 사용하신다면 하나님께서는 이 글을 읽는 크리스천 독자들을 얼마나 더 크게 사용하시겠는지 그 무한한 가능성을 보기를 간절히 원한다.

　이것이 인간적으로 가능한 일이겠는가? 그 많은 상처와 한에 쌓인 자취를 그리스도의 피로 깨끗이 씻어서 그 엄청난 하나님의 소원을 사명으로 감당케 하시며 쓰시는 하나님을 보라!

　가장 비천했던 나 김춘근을 강권적으로 회개시키고 변화시켜서 오늘까지 이렇게 엄청난 은혜와 사랑과 능력 가운데 살게 하시고 이제는 미국을 부흥(revival)시키고 세계를 변화시키기 위해서 한국과 미국과 세계에 퍼져 있는 우리 한인 크리스천들을 향한 하나님의 크고 놀라운 소원을 성취하라고 명하시며 이미 진행하고 계시는 그 하나님과 하나님의 놀라운 섭리 속에서 인도함을 받아 가는 오늘의 나를 보라! 인간적으로는 도저히 불가능한 일이다.

　내가 바로 가장 배타적이고, 이기적이고, 교만하고, 쓴 뿌리와 한으로 가득 찼고, 피해의식의 삶을 살았던 그 장본인이다. 예수님을 믿는다고 하면서도 지독하게 냄새나는 그 많은 배설물을 늘 손에 쥐고 다니면서 엄청난 악취를 풍기며 살았던 나이다. 이것은 회개와 변화로만 가능한 일이다. 하나님의 전적인 은혜로만 가능한 일이다. 그리스도의 피로서만 깨끗하게 씻을 수 있다. 하나님께는 불가능이 없다. 우리의 죄와 잘못이 아무리 크더라도 이 모든 것을 책임지고 우리가 회개하고 하나님의 용서함을 받고 변화되자. 그래서 회개와 기도로 우리가 우리의 가정과 교회들을 부흥시키자. 그래서 이제는 우리 교회가 능력(Power)과 도움(Help)과 소망(Hope)과 사랑(Love)의 센터가 되도록 회복시키자.

마음만 정하면 된다. 마음을 정하자. 바로 지금 그렇게 하자. 그리고 하나님께로 회개하며 돌아오자. 솔로몬이 하나님으로부터 제1차, 2차, 3차… 수차에 걸친 경고를 듣고도 회개하고 변하지 않음으로 하나님의 책망을 받고 진노를 받았으며 결국 그의 아들 르호보암 때에 이르러는 마침내 나라가 분열되는 역사를 우리는 하나님의 말씀과 역사 속에서 분명히 보아야 한다.
 "네 이름으로 일컫는 내 백성이 그 악한 길에서 떠나 스스로 겸비하고 기도하여 내 얼굴을 구하면 내가 하늘에서 듣고 그 죄를 사하고 그 땅을 고칠지라"(대하 7:14)
 만약에 9 · 11 사건과 이라크 전쟁과 북한의 핵문제가 하나님이 주신 마지막 경고요 경고성 부름(wake-up call)이라면, 지금 우리가 무엇을 위해서 어떻게 살아야 할까? 모든 조짐과 징조로 볼 때 우리 주님의 재림이 가까워진 것은 부인할 수 없는 사실이다(롬 13:11). 남은 시간이 길지 않다. 오늘 기회가 주어졌을 때 우리가 모두 회개하고 하나님께 돌아오자. 그리고 주님이 오실 때까지 한국과 미국과 세계에 퍼져 있는 우리 교포 코리언 크리스천들을 통해서 우리 주님의 간절한 소원을 성취하자.

 "이 놀랍고 엄청난 하나님의 소원을 보게 하시고 깨닫게 하시고 이것을 우리에게 사명으로 주셔서 진행케 하시는 하나님께 감사와 찬송과 영광과 존귀를 드립니다. 오 주여, 하나님의 소원을 우리의 소원으로 삼고 우리로 이 소원을 몸과 마음과 뜻과 정성을 다해서 이루게 하옵소서. 기어코 기어코 이 하나님의 소원을 하나님의 역사 안에서 이루옵소서. 하나님의 이름을 위하여, 하나님의 영광을 위하여…."

"우리 가운데 역사하시는 능력대로 우리가 온갖 구하는 것이나 상상하는 것보다 더 측량할 수 없을 만큼 하실 수 있는 그에게 그리스도 예수 안에서, 교회 안에서 세세무궁토록 영광을 돌릴지어다." (엡 3:20-21)

"주님, 사랑합니다. 나의 온 마음을 다해서…. 그리고 찬양합니다. 경배합니다. 하나님의 그 아름다운 이름을…. 아멘."

피터스 하우스(Peter's House)는
21세기 토탈(Total) 문화선교의 대명사입니다.

피터스하우스(베드로서원)의 사역원리

Pastoral Ministry(목회적인 사역)
Educational Ministry(교육적인 사역)
Technological Ministry(과학기술적인 사역)
Evangelical Ministry(복음적인 사역)
Revival Ministry(부흥적인 사역)
Situational Ministry(상황적인 사역)

피터스하우스는 21세기 토탈(종합)문화선교의 대명사입니다.
변화되는 세상 속에서 복음은 변할 수 없습니다.
그러나 복음을 전하는 방법은 달라져야 합니다.
피터스하우스는 시대에 맞는 옷을 입고 '문화' 라는 도구로
복음을 전하는 종합문화선교기관입니다.
우리는 예수 그리스도께서 몸버려 피흘리사 그 값으로 교회를 세우신
그 귀한 사역을 계속 이어나가고자 합니다.
그리하여 이 땅 위의 교회들이 반석 위에 굳건히 세워지고
복음이 전파되는 그 귀한 사명을 끝까지 감당해 나갈 것입니다.

와이미3
하나님의 소원을 이루기 위하여

초판 1쇄 / 2003년 6월 25일
2 판 1쇄 / 2010년 5월 10일

지 은 이 / 김춘근
발 행 처 / 베드로서원
발 행 인 / 방주석

등록번호 / 제59호
등록일자 / 2010년 1월 18일
주소 / 경기도 용인시 수지구 상현동 현대성우3차@285-1604
서울사무소 / 서울 서대문구 충정로2가 157 사조빌딩 213호
전화 / 02)333-7316
팩스 / 02)333-7317
www.petershouse.co.kr

베드로서원은 좋은 책 만들기에 힘쓰고 있습니다.
책값은 뒷표지에 있습니다
ISBN 978-89-7419-160-3 03810